Metternich

Köstlich essen bei Diabetes

Kirsten Metternich

Köstlich essen bei Diabetes

Über 140 Rezepte:
Kein Problem mit Zucker und Cholesterin

TRIAS

◀ Obstnest mit Käse und Walnüssen, S. 39.

Liebe Leserinnen und Leser ...

... Mit der Diagnose Diabetes leben heute mehrere Millionen Menschen in Deutschland und der ganzen Welt. So unterschiedlich die Kulturen und Lebensgewohnheiten auch sind: Das Thema Essen und Trinken ist dabei immer ein zentraler Baustein der Therapie. Gerade bei der explosionsartig steigenden Zahl der an Typ-2-Diabetes erkrankten Menschen ist eine bewusst vernünftige und fettarme Lebensmittelauswahl, verbunden mit einer Reduzierung des Körpergewichts, ein Garant für gute Blutzuckerwerte. Die gefürchteten Folgeerkrankungen wie Nierenleiden, Durchblutungsstörungen oder Herz-Kreislauf-Erkrankungen können mithilfe der Ernährungstherapie effektiv bekämpft oder sogar vermieden werden.

Doch wo liegt das Geheimrezept für einen kulinarischen Lebensstil, der nicht nur den Ansprüchen des Diabetes, sondern auch den persönlichen Vorlieben gerecht wird? Eine strenge Diät, die mehr Verbote als Gebote zulässt, ist heute nicht mehr nötig. So wurden Zucker, Alkohol und zahlreiche Obstsorten noch vor 20 Jahren komplett vom Diabetes-Speiseplan gestrichen und kohlenhydrathaltige Lebensmittel in einer sehr kleinen Menge über den Tag verteilt empfohlen. Eine Digitalwaage gehörte in jedes Reisegepäck, und im Restaurant oder Café war nur eine begrenzte Auswahl an Diabetikermenüs oder Diätkuchen möglich. Heute gibt es bei der Speisenauswahl drei wichtige Punkte, die wichtig und hilfreich sind. An erster Stelle steht das Fett: Ganz gleich, wofür Sie sich entscheiden – achten Sie darauf, möglichst fettarme Lebensmittel auszuwählen. Auch in Ihrer eigenen Küche sollten Sie Fette bewusst und sparsam einsetzen. An zweiter Stelle lohnt es sich, ballaststoffreich zu essen. Ballaststoffe sorgen nicht nur für gute Blutzuckerwerte, sondern auch für eine regelmäßige Verdauung und schützen Sie vor Heißhungerattacken. Und zu guter Letzt: Sparen Sie nicht an Gemüse und Obst. Je frischer und der Saison entsprechend ausgewählt, versorgen Sie Ihren Körper mit lebenswichtigen Vitalstoffen. Kurzum lässt sich die Empfehlung in 3 Buchstaben zusammenfassen: FBB (fettarm, ballaststoffreich und bunt).

Schon beim Durchblättern dieses Kochbuchs werden Sie feststellen, dass leckere Gerichte auch trotz Diabetes möglich sind. Dabei sind die Rezepte hinsichtlich ihrer Lebensmittelauswahl, der Zubereitung und der Nährwertberechnung dem aktuellen Kenntnisstand der Leitlinien der Deutschen Diabetes Gesellschaft (DDG) konzipiert. So theoretisch sich das anhört, so praktisch ist die Umsetzung: Sie müssen kein Meisterkoch oder Diätspezialist sein, um die Rezepte nachzukochen. Auch die in den Rezepten angegebenen Zutaten sind im Supermarkt, Drogeriemarkt und teilweise im Reformhaus erhältlich. So bleiben auch die Kosten überschaubar.

In diesem Sinne wünsche ich Ihnen viel Spaß beim Kochen und Genießen der köstlichen Rezepte dieses Buchs.

Kirsten Metternich
Kerpen, im August 2010

Diabetes, was ist das?

Trotz der Diagnose Diabetes ist es heute möglich, fast alles zu essen. Es kommt nur auf das Wie an, und das ist gar nicht so schwer. »Essen und Trinken hält Leib und Seele zusammen« – gerade für Menschen mit Diabetes gilt diese alte Volksweisheit. Dabei spielt eine abwechslungsreiche, gesunde Ernährung eine zentrale Rolle. Denn der Genuss sollte nicht zu kurz kommen: Nur wenn beides im Einklang steht, ist es möglich, schlechte Gewohnheiten abzulegen.

Was vor Jahren noch als Diabetesdiät bezeichnet wurde, ist heute zu einer modernen, abwechslungsreichen und schmackhaften Form des Essens und Trinkens geworden, die sich nicht nur für Menschen mit Diabetes eignet. Die ganze Familie, vom Kleinkind bis zur Großmutter, kann die Rezepte essen. Und wer kalorienbewusst lebt, findet hier viele leckere Ideen, die den persönlichen Speiseplan bereichern. Zum Glück muss heute für ein an Diabetes erkranktes Familienmitglied nicht mehr extra gekocht werden. Das ist nicht nur in der Küche praktisch, sondern tut auch noch der Seele gut.

Grundbausteine einer gesunden Diabeteskost:

- Erreichen der Blutzuckerzielwerte
- Schulung des Diabetikers zum komplexen Thema Ernährung
- individuell angepasste tägliche Kohlenhydrat- und Kalorienmenge
- Praktikabilität im Alltag
- Berücksichtigung individueller Wünsche
- Änderung des Essverhaltens zu einer gesunden abwechslungsreichen Ernährungsform
- langfristige Reduzierung von Übergewicht

Kohlenhydrate und ihr Einfluss auf den Blutzucker

Neben Eiweiß und Fett sind Kohlenhydrate (KH) die wichtigsten Energielieferanten der Nahrung. 1 g Kohlenhydrate liefert dem Körper 4 Kalorien. Kohlenhydrathaltige Nahrungsmittel bewirken einen Blutzuckeranstieg. Ob eher langsam oder schnell, hängt entscheidend von der Zusammensetzung der Nahrung ab: Bei Orangensaft ist der Anstieg rascher und stärker als bei einer frischen Orange. Weißbrot treibt den Blutzucker rasanter in die Höhe als Vollkornbrot. Der Zuckeranstieg im Blut wird durch ballaststoffreiche und auch fetthaltige Nahrungsmittel verzögert. Empfohlen wird ein täglicher Kohlenhydratanteil von 50 Prozent. Kohlenhydratreich zu essen ist gar nicht so schwer. In der Praxis bedeutet das: lieber 2 Scheiben Vollkornbrot mit 1 Scheibe fettarmem Belag statt 1 Scheibe Brot mit 2 Scheiben Wurst oder Käse. Ähnlich verhält es sich beim Hauptgericht. Je ballaststoffreicher die Lebensmittelauswahl, umso besser ist der Verlauf des Blutzuckerspiegels. Essen Sie viele Ballaststoffe, bleiben Sie länger satt, und auch die Verdauung kommt in Schwung. Zahlreiche Studien belegen außerdem, dass eine ballaststoffreiche Kost einen positiven Einfluss auf den Blutfettspiegel (Cholesterin und Triglyceride) haben kann.

Alles über Kohlenhydrate und deren Berechnung

Damit das Rechnen im Alltag einfach und überschaubar bleibt, gibt es spezielle BE oder KE-Tabellen. Hier sind zahlreiche Produkte der kohlenhydrathaltigen Lebensmittelgruppen aufgelistet, die immer 1 BE oder 1 KE/KHE entsprechen. Als Faustregel können Sie sich merken, dass fast alle pflanzlichen Lebensmittel sowie Milch- und Milchprodukte (tierische Lebensmittel) Kohlenhydrate liefern und dementsprechend berechnet werden sollten. Denken Sie auch an Fertiggerichte. Sie liefern eine Menge Kohlenhydrate.

STECKBRIEF DIABETES

Typ-1-Diabetes

Bei Menschen mit Typ-1-Diabetes produziert die Bauchspeicheldrüse kein Insulin mehr, das den Zucker aus dem Blut zur Zelle befördert. Eine andere Ursache kann die Blockade der körperlichen Insulinfreisetzung sein. Hier kann der Grund in einer fehlgesteuerten Aktivität des Immunsystems liegen, welches sich gegen die Insulin produzierenden Zellen in der Bauchspeicheldrüse richtet (Autoimmunerkrankung). Damit der Blutzucker nicht in astronomische Höhen steigt, müssen Typ-1-Diabetiker Insulin spritzen. Mit täglichen Insulininjektionen kann der Zucker aus dem Blut in die Zelle gelangen. Dazu ist – neben einer individuellen Grundmenge an Insulin (Basalrate) – eine bestimmte Menge zur jeweiligen kohlenhydrathaltigen Mahlzeit (Bolus) nötig. Diabetes ist eine chronische Erkrankung und bedarf einer lebenslangen Therapie. Der Betroffene kann durch eine gezielte Lebensmittelauswahl, Diabetes-Management (Schulung, Insulinanpassung, Kontrolluntersuchungen) und regelmäßiger Bewegung aktiv zum positiven Verlauf der Erkrankung beitragen.

Typ-2-Diabetes

Der Löwenanteil der an Diabetes erkrankten Menschen leidet an Typ-2-Diabetes. Heute ist bekannt, dass er häufig innerhalb des engsten Verwandtenkreises (Großeltern, Eltern, Geschwister) vererbt wird. Zu Beginn der Erkrankung haben die Betroffenen häufig noch genug Insulin, nur dessen Wirkung ist vermindert. Die Folge: Die Empfindlichkeit der Zellen auf das Insulin nimmt ab, sodass sie weniger Zucker aufnehmen und dieser im Blut zurückbleibt. Das Resultat: erhöhte Blutzuckerwerte. Zeitgleich ist meistens die Freisetzung des Insulins nach Nahrungsaufnahme aus der Bauchspeicheldrüse gestört. Die meisten Typ-2-Diabetiker sind übergewichtig. Und die Zahl der Betroffenen steigt: Auch Kinder und Jugendliche erkranken immer öfter an dieser Diabetesform. Doch es gibt auch gute Nachrichten: Sobald das Körpergewicht bereits minimal reduziert wird, bessern sich die Blutzuckerwerte zusehends. Auch Blutdruck und erhöhte Blutfette (Cholesterin und Triglyceride) profitieren davon. Deshalb ist gerade für Menschen mit Typ-2-Diabetes eine fettreduzierte, abwechslungsreiche Ernährung ein zentraler Therapiebestandteil. Der Betroffene kann durch eine fettarme und ballaststoffreiche Lebensmittelauswahl, Diabetes-Management (Schulung, Kontrolluntersuchungen, evtl. Medikamente) und regelmäßige Bewegung aktiv zum positiven Verlauf seiner Erkrankung beitragen.

Hier lohnt sich immer ein Blick auf die Zutatenliste. Kohlenhydrathaltige Lebensmittelgruppen:

- Brot und Backwaren
- Körner, Mehle
- Reis und Teigwaren
- Kartoffeln und Kartoffelerzeugnisse
- kohlenhydratreiches Gemüse, z. B. Erbsen, Mais, Kidneybohnen
- Obst und Obsterzeugnisse
- Milch und Milchprodukte
- Zucker und zuckerhaltige Produkte
- Nüsse und Samen
- Diabetikerprodukte wie Diätschokolade
- Lebensmittel, die neben Fett und Eiweiß auch Kohlenhydrate enthalten, wie paniertes Schnitzel, Gemüseblätterteigtaschen, Strammer Max etc.

Hilfreich sind auch spezielle Kohlenhydrataustauschtabellen. Mit deren Hilfe lässt sich der jeweilige BE- oder KE-Gehalt eines Lebensmittels genau berechnen. Meistens sind hier die Gramm- oder Portionsmengen pro BE/KE angegeben und diese lässt sich dann entsprechend der Portion, die gegessen wird berechnen. Dies ist besonders für Diabetiker wichtig, die Insulin spritzen. Sie können entsprechend der geplanten BE/KE-Menge ihre Insulindosis anpassen. Besonders geeignet sind dabei frische und ballaststoffreiche Lebensmittel. Ballaststoffe tragen dazu bei, dass der Zucker gemäßigter ins Blut gelangt. Das kann unnötige Blutzuckerspitzen vermeiden. Heute heißt es deshalb: Öfter mal einen Eintopf mit Hülsenfrüchten essen, wovon früher oft abgeraten wurde.

WISSEN

Der Glykämische Index

Die Brot- oder Berechnungseinheit (BE) bzw. Kohlenhydrateinheit (KE) gibt an, wie viel Sie von einem bestimmten Lebensmittel pro Einheit essen können. Sie sagt jedoch nichts aus über die Geschwindigkeit des Blutzuckeranstiegs. So enthält 1 kleine Scheibe Vollkornbrot (30 g) oder ½ Kartoffelknödel (50 g) jeweils 1 BE. Die Wirkung auf den Blutzuckerspiegel ist jedoch sehr unterschiedlich: Das Brot liefert neben den Kohlenhydraten Ballaststoffe, die für einen gemäßigten Blutzuckerverlauf sorgen. Der Kartoffelkloß liefert im Verhältnis dazu kaum Ballaststoffe und macht sich schneller im Blutzucker bemerkbar. Das ist besonders für Menschen mit Typ-1-Diabetes wichtig und kann auch für Typ-2-Diabetiker ein guter Anhaltspunkt sein. Um zu bestimmen, wie schnell die Kohlenhydrate aus einem Lebensmittel im Blut ankommen, gibt es den Glykämischen Index (auch GI oder Glyx genannt). Das Maß für den Glykämischen Index ist Traubenzucker, der in einer Menge von 50 g einem GI von 100 entspricht. Baguettebrot hat einen Glykämischen Index von 95, Weißbrot 71, Croissants 67, Milch 32 und Linsen 29. Je niedriger der GI, umso besser für Ihren Blutzuckerspiegel.

Der Glykämische Index (GI) verschiedener Lebensmittel

hoch	mittel	niedrig
Weißbrot	Roggenbrot	Vollkornbrot
Pommes frites	Klöße	Nudeln aus Hartweizen
Minutenreis	Gnocchi	Parboiled Reis, Vollkornreis
Laugengebäck	Pizza mit Käse und Gemüse	Hülsenfrüchte
Kartoffelbrei	Pellkartoffeln	fettarme Milchprodukte

BE, KE/KHE: hilfreiche Schätzeinheiten

Kohlenhydrathaltige Lebensmittel machen sich im Blut als Blutzuckerspiegel bemerkbar. Damit der Umgang mit kohlenhydrathaltigen Lebensmitteln übersichtlich und einfach ist, gibt es sogenannte Schätzeinheiten, die BE bzw. KE/KHE genannt werden. Dabei richtet sich der Kohlenhydratgehalt pro Einheit (BE oder KE/KHE) immer auf den essbaren Anteil eines Lebensmittels. Beide Schätzeinheiten entsprechen einer bestimmten Menge an Kohlenhydraten:

- 1 Brot- oder Berechnungseinheit (BE) entspricht 12 g Kohlenhydraten.
- 1 Kohlenhydrateinheit (KE oder KHE) entspricht 10 g Kohlenhydraten.

Eselsbrücke: Damit Sie zubereitete Lebensmittel wie Joghurt oder eine Tiefkühlpizza einfach und schnell hinsichtlich ihrer BE/KE-Menge ausrechnen können, müssen Sie wissen, wie viel Kohlenhydrate 1 BE/KE entsprechen. Für die BE denken Sie an die Anzahl der Monate im Jahr; es sind 12 an der Zahl, genau wie die Kohlenhydratmenge pro BE. Bei der KE/KHE denken Sie an die Anzahl Ihrer Finger an beiden Händen; es sind 10 an der Zahl, genau wie die Kohlenhydratmenge pro KE/KHE.

Auch wenn die Kohlenhydratberechnung besonders zu Anfang noch etwas schwierig und kompliziert erscheint, ist es eine Übungssache. Je häufiger Sie mit diesen Zahlen arbeiten, desto mehr geht es Ihnen in Fleisch und Blut über. Und Übung macht bekanntlich den Meister. Vielleicht hilft es Ihnen, wenn Sie sich ab und zu ein Lebensmittel zur Hand nehmen und die entsprechende Kohlenhydratmenge ausrechnen.

Sie müssen nicht nur auf Diät- oder Diabetikerprodukte wie beispielsweise Diätjoghurt zurückgreifen. Wenn Sie gerne einmal eine andere, fettfreundliche Sorte probieren möchten, auf der nicht extra die BE oder KE angegeben sind, können Sie die Kohlenhydratmenge ganz einfach ausrechnen. Viele Lebensmittel sind bei Diabetes geeignet, obwohl das nicht extra auf dem Produkt steht.

- Schauen Sie auf die Kohlenhydratmenge (KH-Menge), die in der Nährwertanalyse für 100 g angegeben ist, beispielsweise 14 g Kohlenhydrate.
- Enthält das Produkt (z. B. Frucht joghurt) pro 150-g-Becher 14 g Kohlenhydrate, rechnen Sie 1,5 (für 150 g) × 14 (g Kohlenhydrate) = 21. Der ganze Joghurtbecher (150 g) liefert also 21 g Kohlenhydrate.
- 21 : 12 = 1,7 BE
- 21 : 10 = 2 KE
- So können Sie mit allen Lebensmitteln verfahren und die jeweilige BE- oder KE-Menge ausrechnen.

Übrigens: In den nächsten Jahren werden sogenannte Diabetikerprodukte wie Süßigkeiten oder Joghurts vom Markt verschwinden. Denn mittlerweile sind sich Ärzte und Wissenschaftler einig, dass Produkte, die mit Zuckeraustauschstoffen gesüßt sind, keine nennenswerten Vorteile für Diabetiker, insbesondere für Typ-2-Diabetiker haben. Allein schon deshalb ist es wichtig, dass Sie sich mit der Kohlenhydratberechnung vertraut machen, um herkömmliche Lebensmittel in Ihre Therapie einzubauen.

Für insulinpflichtige Diabetiker: BE-Faktoren

Um die genaue Menge an Insulin zu ermitteln, um eine bestimmte Menge an BE/KE zu essen und den Blutzuckerspiegel auszugleichen, gibt es den BE-Faktor. Der BE-Faktor ist individuell sehr unterschiedlich und sollte mithilfe eines Diabetologen oder Diabetes behandelnden Arztes festgelegt werden. Grundlage zur Bestimmung ist das Schema für gängige BE-Faktoren:

- 2 E Normalinsulin pro BE zum Frühstück
- 1 E Normalinsulin pro BE zum Mittagessen
- 1,5 E Normalinsulin pro BE zum Abendessen

Für den Umgang mit Insulin und BE/KE ist es für insulinpflichtige Menschen mit Diabetes wichtig, dass Sie das Wechselspiel von Insulindosis und BE/KE kennen.

- 1 BE/KE erhöht den Blutzucker im Schnitt um 30 bis 40 mg/dl.
- Für 1 BE/KE werden etwa 0,5 bis 2 Einheiten kurz wirkendes Insulin gebraucht.
- 1 Einheit kurz wirkendes Insulin senkt den Blutzucker im Schnitt um 30 bis 40 mg/dl.

Kohlenhydratberechnung von Rezepten

Mithilfe einer KH-Tabelle können Sie auch die entsprechende BE/KE-Menge pro Portion für ein ganz normales Rezept ausrechnen.

KH-Berechnung – Step by Step

Wenn Sie den tatsächlichen Kohlenhydratgehalt eines Rezeptes ausrechnen möchten, gehen Sie die Zutatenliste durch und prüfen, ob die Zutaten als BE/KE angerechnet werden müssen. Gerade für insulinpflichtige Diabetiker ist das sehr wichtig. Wenn Kohlenhydrate aus nicht anrechnungspflichtigen Lebensmitteln, z. B. Gemüse mit Insulin, abgedeckt werden, kann es zu Unterzuckerungen kommen. In den Rezepten finden Sie die exakte Angabe für BE und KE pro Portion; z. B. 1,3 BE, oder 1,8 KE. Wenn Sie auf- oder abrunden, berücksichtigen Sie das bitte bei der Anpassung Ihrer Medikamente. Was mit Kuchenrezepten klappt, geht auch mit allen anderen Rezepten.

Gerade wenn ein Rezept große Mengen an Gemüse wie Zwiebeln, Karotten oder Paprikaschoten enthält, kann nach der genauen Nährwertberechnung der Kohlenhydratgehalt höher ausfallen. Doch die meisten Gemüsesorten (Ausnahme KH-reiche Gemüse) können pro Portion mit einer Menge von 200 g ohne BE/KE-Berechnung gegessen werden. Obwohl der Gesamtkohlenhydratgehalt der Suppe pro Portion höher liegt, muss nur 1 BE bzw. 1,2 KE für eine Portion berechnet werden. Die Kohlenhydrate aus dem Gemüse sind nicht blutzuckerwirksam, was für einen guten Blutzuckerverlauf von Vorteil ist. Lediglich die Kartoffeln sind KH-anrechnungspflichtig.

Beispiel für die Berechnung eines Kuchenrezeptes

Mandelkuchen, Rührteig in Kastenform (30 cm, 15 Stücke)

Menge	Zutaten	BE	KE/KHE
180 g	Butter	0	0
180 g	Zucker	15	18
1 Pck.	Vanillezucker (12 g)	1	1,2
3	Eier	0	0
150 g	Weizenstärke	10	15
80 g	Weizenmehl	4	5,3
½ TL	Backpulver	0	0
80 g	gemahlene Mandeln	0	0
½	Fläschchen Bittermandelöl	0	0
Gesamt		30	39,5
pro Stück bei 15 insgesamt:		2	2,6

Beispiel für die Berechnung eines pikanten Rezeptes

Fischsuppe mit Gemüse für 2 Portionen

Menge	Zutaten	BE	KE/KHE
2	Zwiebeln	0	0
1	Stange Lauch	0	0
2	Karotten	0	0
½	Sellerieknolle	0	0
160 g	Kartoffeln	2	2,4
1 EL	Rapsöl	0	0
150 g	Seelachsfilet	0	0
150 g	Kabeljaufilet	0	0
1 – 2 TL	gekörnte Gemüsebrühe	0	0
100 g	Krabben, verzehrsfertig	0	0
1 Pck.	gemischte Tiefkühlkräuter	0	0
Gesamt		2	2,4
Nährwert pro Portion: 26 g KH, 12 g Ballaststoffe, 1 BE, 1,2 KE			

Richtig essen bei Diabetes

Mit Diabetes muss nicht auf einmal alles anders gekocht werden. Alle Lebensmittel sind auch für Menschen mit Diabetes geeignet – es kommt darauf an, was in welcher Menge auf dem Speisezettel steht. Worauf Sie beim Einkaufen und Kochen achten sollten, erfahren Sie hier.

Richtig essen bei Diabetes

Keine Sorge: Es braucht nun nicht im Extratopf für Sie gekocht zu werden. Denn eine moderne Diabeteskost kann heute die ganze Familie mitessen. Das muss keinesfalls fade und langweilig sein. Dazu halten Sie das passende Buch in Ihren Händen. Hier finden Sie alles Wichtige rund ums Thema Essen und Trinken bei Diabetes. Über 140 Rezepte machen Lust aufs Genießen.

Die meisten Typ-2-Diabetiker leiden an Übergewicht. Eintscheiden Sie sich dazu, ein paar Kilos zu verlieren, werden sich Ihre Blutzuckerwerte bald bessern. Auch Ihr Blutdruck und die erhöhten Blutfette profitieren davon. Deshalb ist gerade für Menschen mit Typ-2-Diabetes eine fettreduzierte, abwechslungsreiche Ernährung ein zentraler Therapiebestandteil. Fett ist der Kalorienlieferant Nummer 1. Mit Fett verbinden wir cremige Torten, zart schmelzende Schokolade, knusprige Braten oder köstliche Saucen. Relativ einfach ist es, sichtbare Fette wie Margarine, Butter oder Öl bewusst zu dosieren. Weitaus schwieriger sieht es mit versteckten Fetten aus. Sie finden sich in Wurst, Käse, Fleisch, Fisch, Geflügel, Eiern, Milch und Milchprodukten, Saucen, Fertiggerichten, Süßigkeiten, Kuchen und Gebäck. Empfohlen wird eine Gesamtmenge von etwa 70 bis 80 g Fett täglich, und die ist schnell erreicht. Damit die Fettmenge beim Kochen übersichtlich bleibt, arbeiten Sie am besten mit Tee- und Esslöffeln.

Ca. 80 g Fett stecken in

- 1 Esslöffel Butter oder Margarine +
- 2 Esslöffel Pflanzenöl +
- 150 g fettarmem Fleisch oder 200 g Fisch, roh +
- 1 Scheibe fettarmer Wurst +
- 1 Scheibe fettarmem Käse +
- 1 Becher fettarmem Fruchtjoghurt (150 g) +
- 1 Tasse (150 ml) fettarmer Milch

Einkaufstipps

Am Anfang steht der Einkauf. Und damit Sie Fett beim Kochen sparen, sollten Sie Ihren Einkaufskorb mit fettfreundlichen Lebensmitteln füllen. Gehen Sie nicht hungrig einkaufen. Das verleitet nur zum unnötigen Essen. Mit knurrendem Magen landet oft mehr im Einkaufswagen als ursprünglich geplant.

- Schreiben Sie immer einen Einkaufszettel.
- Notieren Sie, wie viel Fett Ihr Käse, Joghurt oder Wurst enthalten sollte. So behalten Sie im Geschäft den Überblick.

- Bevorzugen Sie Fleisch, das wenig fettdurchzogen ist. Greifen Sie zu Geflügel wie Huhn und Pute.
- Suchen Sie Wurstsorten aus, die in 100 g maximal 15 bis 20 g Fett enthalten.

Fettarme Käsesorten haben einen Fettgehalt von 30 bis 40 Prozent Fett in der Trockenmasse (F.i.Tr.) bzw. 15 bis 20 g Fett absolut in 100 g. Fettarme Sorten: Magerstufe, Halbfettstufe oder Dreiviertelfettstufe. Die Abkürzung »F.i.Tr.« steht für Fett in Trockenmasse. Sie gibt an, wie viel Fett im Käse enthalten ist, wenn das gesamte Wasser entzogen wurde. Der absolute Fettgehalt im Käse ist demnach niedriger als in der Trockenmasse. Die Bezeichnung Fett i.Tr. gibt es allerdings nur für Käse, um die verschiedenen Sorten bezüglich ihres Fettgehaltes besser abgrenzen zu können. Den tatsächlichen Fettgehalt im Käse können Sie abschätzen, indem Sie die Angabe zu Fett i.Tr. einfach durch 2 teilen. Fettarmer Käse hat einen Fettgehalt von maximal 30 bis 40% F.i.Tr, das entspricht einem absoluten Fettgehalt von 15 bis 20% Fett.

- Wählen Sie Milch und Milchprodukte mit einem Fettgehalt von maximal 1,5 Prozent.
- Kaufen Sie Packungsgrößen, die zu Ihrem Haushalt passen: Wenn 2 Personen im Haus leben, ist eine Familienpackung Käse zu groß.
- Werfen Sie einen Blick auf die Zutatenliste von Fertigprodukten. Rangieren Fett und Zucker in vorderster Reihe, lassen Sie das Lebensmittel besser im Regal. Denn hier sind alle Zutaten nach ihrer Menge in absteigender Folge aufgelistet. Steht Zucker in Dosen etc. an 5. Stelle der Zutatenliste, hat er keine Auswirkung auf den Blutzuckerspiegel.
- Greifen Sie im Gemüseregal großzügig zu.
- Bevorzugen Sie frische Lebensmittel, aus denen Sie Saucen, Suppen oder Menüs kochen. Fertiggerichte sind oft sehr fettreich.
- Magerquark kann sehr leicht und schnell mit Mineralwasser glatt gerührt werden. So schmeckt er cremig, auch ohne Fettzugabe.

Lecker-pikante Alternativen zu Butter und Margarine bieten Senf in milder bis scharfer Variante und Tomatenmark. Senf und Tomatenmark sind fast kalorienfrei und enthalten keine anrechnungspflichtigen Kohlenhydrate. Ausnahmen sind Honig und Zucker in süßem Senf. Tomatenmark schmeckt intensiv und passt besonders gut zu kräftigem Käse und ist dabei auch noch reich an sekundären Pflanzenstoffen wie Lycopin. Senf schmeckt prima unter Wurst. Probieren Sie es doch einfach mal aus.

WISSEN

Tipps zum fettarmen Kochen und Backen

- Rechnen Sie pro Portion Fleisch oder Salatsauce 1 Teelöffel Pflanzenöl (5 g).
- Bevorzugen Sie fettfreundliche Garmethoden wie Dünsten, Dämpfen, Kochen im Wok, Schmoren und Grillen.
- Garen Sie Fleisch, Fisch und Geflügel mit wenig Fett in einer beschichteten Pfanne, im Tontopf oder Bratschlauch.
- Binden Sie entfettete Saucen und Suppen mit püriertem Gemüse oder Zwiebeln, die Sie mitgekocht haben.
- Garen Sie Gemüse in wenig Wasser und würzen Sie es mit gekörnter Gemüsebrühe, nicht mit Brühwürfeln. Sie sind mit reichlich Fett in Form gepresst.
- Bereiten Sie Kartoffelpuffer im Waffeleisen zu.
- Kochen Sie Suppe und Bratensauce einen Tag vor dem Verzehr, stellen Sie sie kalt, und schöpfen Sie das Fett anschließend ab.
- Ersetzen Sie Sahne in Rahmsaucen durch fettarme Milch oder fettreduzierte Sahneerzeugnisse (max. 17 Prozent Fett).
- Zum Kochen und Backen eignen sich fettarme Milch, Magerjoghurt und Magerquark.
- Auflauf- und Backformen müssen Sie nicht einfetten. Backformen und Backbleche lassen sich fettfrei mit Backpapier auslegen.
- Rollen Sie Plätzchenteige zwischen zwei Lagen Frischhaltefolie aus, das spart Mehl und unnötige Kohlenhydrate.
- Streichen Sie Butter oder Margarine dünn aufs Brot.

Ihr Ernährungsfahrplan

Lebensmittelgruppe	Regelmäßig essen	In kleinen Mengen genießen
	frisches Gemüse, gedünstet oder gegrillt, Kräuter, Salat (saisonal ausgewählt)	in Butter, Öl und Sahne geschwenktes Gemüse, Salat mit Sahne- oder Mayonnaisedressing, frittiertes oder paniertes Gemüse, mit Käse gratiniertes Gemüse
	frisches Obst, saisonal ausgewählt, nicht gezuckert	Trauben, Trockenobst, Bananen, Nüsse, kandierte Früchte (am besten nur zum Backen), Fruchtgrütze, Fruchteis, Obstkonserven, gezuckerte Konfitüre
	Mineralwasser, Früchtetee, Kräutertee, Roibuschtee, grüner und schwarzer Tee, Kaffee (ca. 400 ml täglich), light/zero Limonaden	Säfte: 3 : 1 verdünnt (Wasser : Saft), Säfte aus 100 % Frucht ohne Zuckerzusatz, kalorienarme Getränke (max. 20 kcal in 100 ml), light/zero Colagetränke, Bier und trockener Wein (nach Rücksprache mit dem Arzt)
	Vollkornbrot, Vollkornbrötchen, Grahambrot, Vollkorntoastbrot, Vollkorngetreideflocken, Müsli ohne Trockenfrüchte, Vollkornfrühstücksflocken	Mischbrot, Weißbrot, Hefezopf (mit Trockenobst), Blätterteig, Müsli und Flocken mit Zucker, Honig oder Schokolade ummantelt

Lebensmittelgruppe	Regelmäßig essen	In kleinen Mengen genießen
	Pellkartoffeln, Salzkartoffeln, Bratkartoffeln in wenig Öl zubereitet, Ofenkartoffeln, Kartoffelpüree	Bratkartoffeln in reichlich Fett zubereitet, frittierte Kartoffelspezialitäten wie Pommes frites und Kroketten, Klöße, Kartoffelknabbereien wie Chips oder Stapelchips
	Milch (1,5 % Fett), Kondensmilch (4 % Fett), Buttermilch, Magerquark, Schichtkäse, Kefir, Joghurt (1,5 % Fett und weniger), fettreduzierter Frischkäse, fettreduzierte Sahne, Käse (bis 30 % Fett i. Tr.)	Vollmilchprodukte, Sahne, Mascarpone, fette Käsesorten, Sahnequark, Sahnejoghurt, zuckerreiche Joghurts, Desserts wie Mousse au Chocolat, Tiramisu etc.
	weißes Fleisch wie Pute und Hähnchen, gekocht, gedünstet, gegrillt, im Ofen oder Wok zubereitet; fettarmes rotes Fleisch von Schwein, Rind, Kalb, Lamm, Strauß und Wild, fettarme Wurst (max. 15 % Fett), Geflügelwurst, -salami	Fleisch, Fleischkonserven, Bockwurst, Knackwurst, Mettwurst, Cervelatwurst, Salami, fette Wurstsorten
	Seefisch, gekocht, gedünstet, gegrillt, im Ofen oder Wok zubereitet; Seelachs, Makrele, Thunfisch ohne Öl, Kabeljau, Schellfisch, Lachs	Bratfisch, panierter oder frittierter Fisch, Fischkonserven, Hummer, Krabben, Garnelen, Meeresfrüchte, geräucherter Lachs, geräucherte Fischspezialitäten

Das süße Leben mit Zucker, Süßstoff und Co.

Die meisten Menschen essen gerne einmal ein Stück Kuchen, genießen ein Eis oder lieben köstliche Desserts. Auch das ist bei Diabetes möglich, es kommt nur darauf an, was und wie viel Sie essen. Fruchtzucker spielt heute in der Diabeteskost nur noch eine untergeordnete Rolle. Fruchtzucker und Sorbit sind Süßungsmittel, die häufig in Diätprodukten wie Keksen, Kuchen oder Schokolade zum Einsatz kommen. Auf den Blutzuckerspiegel haben sie nur eine geringe Wirkung. Doch ihr Kaloriengehalt ist dem von herkömmlichem Zucker gleich. Häufig kommt hinzu, dass Diätprodukte mehr Fett und entsprechend mehr Kalorien enthalten als herkömmlich gezuckerte Alternativen.

Deshalb werden in den kommenden Jahren Diabetikerprodukte aus dem Supermarktangebot verschwinden. Sie bringen Betroffenen keinen Nutzen. Bewusstes Genießen lautet die Devise, sodass diese Produkte in jeder Diabetestherapie unnötig sind.

Eine Ausnahme hinsichtlich der Kalorien (2,4 kcal/g) bilden Zuckeralkohole wie Isomalt, Lactit, Maltit und Mannit. Sie werden meistens in industriell hergestellten Lebensmitteln wie Lightgetränken, Bonbons oder Joghurts eingesetzt. Der Verzehr von Zuckeraustauschstoffen und Zuckeralkoholen kann abführend und stark blähend wirken.

Süßstoffe als kalorienfreundliche Alternative zu Zucker

Künstliche Süßstoffe sind energie- und kohlenhydratfrei. Bei Übergewicht ist der Austausch von Zuckeraustauschstoffen und Zucker gegen kalorienfreie Süßstoffe empfehlenswert. Und auch zum Backen und Kochen können Sie die flüssigen oder streufähigen Süßstoffe einsetzen. Streusüße auf Aspartambasis ist eine willkommene Möglichkeit, Desserts und Süßspeisen kalorienfrei und mit angenehmem Geschmack zu süßen. Denken Sie aber immer daran, Süßstoffe in kleiner Menge zu dosieren, da sie eine vielfach höhere Süßkraft im Vergleich zu Zucker haben.

Süßstoffe: In der Zutatenliste finden Sie die Süßstoffe entweder mit ihrem Namen oder ihrer entsprechenden E-Nummer.

E-Nummer	Süßstoff
E 950	Acesulfam-K
E 951	Aspartam
E 952	Cyclamat
E 954	Saccharin
E 955	Sucralose
E 957	Thaumatin
E 959	Neohesperidin DC
E 962	Aspartam-Acesulfamsalz
E 961	Neotam

Zucker ist nicht verboten

Auch der Verzehr von zuckerhaltigen Lebensmitteln ist heute trotz Diabetes möglich. Laut Empfehlungen der Deutschen Diabetes Gesellschaft (DDG) kann der Zuckeranteil der Diabeteskost bei etwa 10 Prozent der täglich aufgenommenen Energiemenge liegen. In der Praxis ist das eine Menge von maximal 50 g, die über den Tag verteilt gegessen werden kann. Wichtig ist, dass der Zucker oder das gezuckerte Lebensmittel seitens des Kalorien- und Kohlenhydratgehaltes (BE/KE) berücksichtigt wird. Wenig empfehlenswert ist der Genuss von zuckerreichen Getränken oder Gummibärchen. Damit der Blutzuckeranstieg überschaubar bleibt, empfiehlt es sich, den Zucker nicht pur, sondern in »verpackter« Form im Kuchen, Dessert oder in Schokolade zu genießen.

- Essen Sie maximal 50 g Zucker (10 Prozent der Gesamtenergie) täglich.
- Verteilen Sie den Zucker in den Speisen gleichmäßig über den Tag.
- Meiden Sie zuckerreiche Produkte wie Cola, Limonade, Fruchtgummi, Zuckerwatte, Brausepulver.
- Berücksichtigen Sie den Zucker hinsichtlich der Kalorien und BE/KE.
- Informieren Sie sich vor dem Verzehr über den BE/KE-Gehalt gezuckerter Produkte.
- Essen Sie Zucker in verpackter Form: als Eis, Schokolade, Kuchen oder Dessert.
- Wenn Sie nach einem herkömmlichen Rezept backen, reduzieren Sie den Zuckeranteil um etwa ⅓ (z. B.

statt 250 g Zucker 200 g und den Rest über flüssigen Süßstoff).
- Mürbe-, Hefe-, Strudel-, Quark-Öl- und Brandteig können Sie komplett ohne Zucker mit flüssigem Süßstoff herstellen. Steht Zucker in der Zutatenliste an 5. Stelle oder weiter absteigend, hat er keine Wirkung auf den Blutzuckerspiegel.

Wenn Sie Säfte, z. B. Orangensaft kaufen, achten Sie darauf, dass er zu 100 Prozent aus Frucht bzw. Fruchtkonzentrat besteht. Meist steht auf der Packung dann »ohne Zuckerzusatz«. Auch Direktsäfte fallen in diese Kategorie. Bei ihnen ist nur der im Obst natürliche Fruchtzuckeranteil enthalten.

Was macht der Zucker in der Wurst?

In Kasseler und anderen Wurstsorten, wie Bock- und Brühwürsten, steht häufig auf der Verpackung der Hinweis in der Zutatenliste: enthalten Zuckerstoffe. Stehen diese ab der 5. Stelle in der Zutatenliste, haben sie keine Auswirkung auf den Blutzuckerspiegel. Kaufen Sie Kasseler oder andere Wurst am besten an der Frischfleischtheke, dann können Sie diese ohne BE/KE-Anrechnungspflicht verzehren.

Im Auge behalten: Alkohol und Eiweiß

Bei hohen Triglyceridwerten (Blutfette), einer Bauchspeicheldrüsenentzündung (Pankreatitis), erhöhtem Blutdruck, einer schweren Schädigung der feinen Nervenenden (Neuropathien) oder Übergewicht ist Alkohol nicht zu empfehlen. In diesem Fall sollten Sie vorher mit Ihrem behandelnden Arzt sprechen. Damit keine Unterzuckerungen (Hypoglykämien) nach Alkoholgenuss auftreten, sollten Diabetiker Bier, Wein und Co. nur in Kombination mit einer kohlenhydrathaltigen Mahlzeit genießen.

Trinken mit Verstand: 2 Liter kalorienfreie Flüssigkeit sollte jeder Mensch täglich trinken. In diese Menge können Sie 3 bis 4 normal große Tassen (150 ml) Kaffee, schwarzen oder grünen Tee einrechnen. Trinken Sie hauptsächlich Wasser, Kräuter- und Früchtetees sowie Saftschorlen im Mischungsverhältnis 3 : 1 (3 Teile Wasser plus 1 Teil Saft) oder ab und zu ein Lightgetränk. Infos zur Kohlenhydratmenge von Lightgetränken und Diätsäften finden Sie auf der Nährwertanalyse des Etiketts.

Eiweiß: Baustein für Muskeln und Zellen

Eiweiß (E) liefert 4 Kalorien pro Gramm. Es hat keine direkte Auswirkung auf den Blutzuckerspiegel. Trotzdem wird keine eiweißreiche Kost empfohlen, da sie langfristig die Nierenfunktion beeinträchtigen kann. Der tägliche Eiweißbedarf wird von der Deutschen Gesellschaft für Ernährung (DGE) mit etwa 15 Prozent bzw. 0,8 g Eiweiß pro Kilogramm Körpergewicht empfohlen. Eiweißreich sind Fleisch, Fisch, Milch und Milchprodukte, Eier und Soja.

CHECKLISTE

Gesund essen und trinken bei Diabetes

- Erreichen der Blutzuckerzielwerte
- individuell angepasste tägliche BE/KE- und Kalorienmenge
- regelmäßige Verteilung der Mahlzeiten über den Tag
- täglich mindestens 50 Prozent Kohlenhydrate
- tägliche Gesamtfettmenge 70 bis 80 g
- tägliche Gesamtfettmenge zum Abnehmen: 30 bis 40 g
- maximal 15 Prozent Eiweiß oder 0,8 g Eiweiß pro kg Körpergewicht am Tag
- Übergewicht vermeiden oder reduzieren
- ballaststoffreiche Lebensmittelauswahl
- fünf Portionen Gemüse und/oder Obst täglich
- bevorzugte Auswahl fettarmer Lebensmittel
- Pflanzenfette bevorzugen
- mindestens 2 Liter kalorienfreie Flüssigkeit täglich
- Alkoholgenuss in Maßen
- spezielle Diätprodukte sind nicht nötig

INFO

Besondere Lebensmittel

Süßstoffe

Auch wenn kleine Zuckermengen möglich sind (bei 2000 Kalorien etwa 50 Gramm Zucker am Tag), eignen sich zum Kochen und Backen kalorienfreie, künstliche Süßstoffe besonders gut. Es gibt sie in flüssiger Form, als Tabletten und Streusüße. Ihre Süßkraft ist weitaus höher als die herkömmlichen Zuckers. Alle sind nahezu energiefrei und haben keine Auswirkung auf den Blutzuckerspiegel. Streusüße schmeckt angenehm süß, ohne den leicht metallischen Nachgeschmack. 1 Teelöffel hat das gleiche Volumen und die gleiche Süßkraft wie 1 Teelöffel Zucker. Dabei ist sie kalorienarm und nahezu kohlenhydratfrei (1 Teelöffel liefert 2 kcal und 0,04 BE). Streusüße auf Aspartambasis kommt zum Einsatz bei Obst, Joghurt, Müsli, Desserts sowie zum Süßen von Heiß- und Kaltgetränken, sie ist koch- und gefrierfest. Sie eignet sich zum Backen von Keksen, doch bei längeren Backzeiten und -temperaturen von über 180 Grad verliert Aspartam-Streusüße ihre Süßkraft. Alle streufähigen Produkte enthalten Maltodextrin, um das Produkt rieselfähig zu machen. Der Anteil ist jedoch so niedrig, dass er keine Auswirkung auf den Blutzuckerspiegel hat. Aspartam-Streusüße gibt es im Supermarkt, in Drogeriemärkten und Reformhäusern.

Gekörnte Brühe

Ein Universalwürzmittel ist gekörnte Gemüse- oder Fleischbrühe. Sie ist fettarm und geschmacksintensiv. Brühe wird bei der Herstellung bereits Kochsalz zugesetzt, sodass Sie nur ganz wenig zusätzlich salzen müssen. Brühe eignet sich nicht nur für die Zubereitung von deftigen Suppen und Eintöpfen. Sie können das Pulver auch sehr gut zum Kochen von Gemüse oder zur Abrundung von Saucen verwenden. Bevorzugen Sie Produkte ohne Geschmacksverstärker wie Natriumglutamat, da diese den Eigengeschmack der Zutaten besser zur Geltung bringen. Bleiben Sie der gekörnten Brühe treu, denn Brühwürfel oder -pasten sind um einiges fettreicher als das Granulat.

Würzsalz

In den Gewürzabteilungen der Supermärkte werden mittlerweile zahlreiche salzige Mischungen angeboten: Kräuter-Jodsalz, Kartoffel-Jodsalz oder Paprika-Jodsalz. Sie sind zwar nicht salzärmer als herkömmliche Produkte, aber ohne künstliche Geschmacksverstärker hergestellt. In den einzelnen Mischungen, wie beim Asia-Jodsalz, sind neben jodiertem Speisesalz auch Currypulver, grüner Pfeffer, gemahlene Zwiebeln, Ingwer, Chili, Kurkuma, Senfmehl und gemahlene Kräuter wie Petersilie enthalten. So brauchen Sie kaum andere Gewürze, um Ihrer Speise den typischen Geschmack zu verleihen.

Fette

Zum Kochen verwenden Sie am besten Oliven- und Rapsöl. Die enthaltenen einfach und mehrfach ungesättigten Fettsäuren sind lebenswichtig und sollten täglich in einer Menge von 1 Tee- bis Esslöffel (5 – 10 Gramm) auf dem Speiseplan stehen. Auch sie haben – wie Omega-3-Fettsäuren aus Seefisch – einen positiven Einfluss auf erhöhte Blutfettwerte. Eine tolle pflanzliche Alternative, um Saucen oder Suppen zu verfeinern, ist das Produkt »Cuisine« von Alpro soja. Die Pflanzensahne aus Sojabohnen ist völlig cholesterinfrei, enthält hochwertige pflanzliche Öle mit einem hohen Anteil an ungesättigten Fettsäuren und ist weitaus fettärmer (17 % Fett/100 g) als Sahne, Crème fraîche und Co. (Sahne liefert ca. 30 % Fett/100 g). Eine weitere gute Alternative sind Sahneprodukte mit reduziertem Fettgehalt, beispielsweise von Rama, Du darfst und Weihenstephan. Ihr Fettgehalt liegt bei maximal 19 %.

INFO

Tiefkühlobst

Tiefkühlbeeren wie Erdbeeren, Johannisbeeren, Stachelbeeren oder Blaubeeren, aber auch Steinobst wie Kirschen lassen sich gut in Kombination mit Milchprodukten zubereiten. Achten Sie beim Kauf der Früchte darauf, dass sie nicht gezuckert sind. Informationen dazu finden Sie in der Zutatenliste und der Nährwertanalyse auf der Verpackung. Beeren sind reich an Vitaminen und Mineralstoffen, wie z. B. Vitamin C und Kalium, Kalzium und Magnesium. Sekundäre Pflanzenstoffe für gute Blutfette, zur Stärkung des Immunsystems und als Schutzschild gegen Krebs, sind ebenso reichlich in Beeren enthalten. Dazu gehören z. B. der dunkelblaue Farbstoff in Brom- und Heidelbeeren (Anthocyan) oder Flavonoide in Himbeeren. Beerenobst ist sehr kalorienarm und ballaststoffreich. Deshalb fallen die Mengen pro BE/KE etwas größer aus als bei Apfel, Birne und Co. Hier können Sie zugreifen: 170 g (ca. 20 Stück) Heidelbeeren entsprechen 1 BE und 135 g (etwa 10 – 15 Stück) 1 KE.

Sauergemüse

In vielen Saucen schmeckt eingelegtes Gemüse wie Paprika oder auch Gewürzgurken richtig gut. Viele Sauergemüse werden ohne Zucker oder andere anrechnungspflichtige Zuckerarten hergestellt. Um auf Nummer sicher zu gehen, werfen Sie einen Blick auf die Zutatenliste. Hier finden Sie in absteigender Reihenfolge alle Bestandteile, die im Produkt enthalten sind. Häufig finden sich hier Zutaten wie Saccharin und Cyclamat – das sind künstliche Süßstoffe, die keine Kalorien und somit auch keine Auswirkung auf den Blutzuckerspiegel haben. Wenn in diesen Produkten ab der 5. Stelle Zucker in der Zutatenliste steht, hat er keinen Einfluss auf den Blutzuckerspiegel.

Geflügel

Fettarm und reich an hochwertigem Eiweiß – so lässt sich das Fleisch von Pute und Huhn am besten beschreiben. Geflügelfleisch ist ein natürlicher Lieferant von Vitamin B_1, B_2, B_6 und Niacin. Die Gruppe der B-Vitamine sind wichtig für den Eiweiß-, Fett- und Kohlenhydratstoffwechsel. Putenfleisch ist zudem ein guter Eisenlieferant. Schon 150 Gramm decken 30 Prozent des täglichen Eisenbedarfs eines Erwachsenen. Zur besseren Eisenaufnahme im Körper essen Sie etwas Vitamin-C-haltiges wie Kartoffeln oder Paprikaschoten zum Geflügel. Geflügelfleisch ist kohlenhydratfrei und muss nicht als BE/KE berechnet werden.

Fisch

Auch Fisch ist ein hochwertiger Eiweiß- und Jodlieferant. Magerfische mit einem Fettgehalt unter 10 Gramm je 100 Gramm liefern in einer normal großen 200 Gramm Portion im Schnitt 150 bis 180 Kalorien und fette Fische in dieser Menge etwa 250 bis 350 Kalorien. Alle Fische liefern keine anrechnungspflichtigen Kohlenhydrate und sind daher BE/KE-frei. Gerne wird eine fettarme Fischmahlzeit während einer Phase zur Gewichtsreduktion empfohlen. Seefische sind besonders gut für die Gesundheit. Denn sie liefern lebenswichtige Omega-3-Fettsäuren, die der Körper nicht selbst herstellen kann. Auch ein erhöhter Blutfettspiegel kann durch den regelmäßigen Genuss dieser Fette positiv beeinflusst werden.

Richtig kochen bei Diabetes

Zubereiten mit Süßstoff

Künstliche Süßstoffe sind kalorienfrei, liefern keine BE/KE, sind in der Regel hitze- und kältebeständig. Tipp für die Dosierung: 3,5 bis 4 ml flüssiger Süßstoff entspricht der Menge von 50 g Zucker. Flüssiger Süßstoff eignet sich sehr gut zum Backen. Er ist jedoch weitaus stärker und konzentrierter in seiner Süßkraft als Zucker. Deshalb ist es ratsam, die Dosierung in kleinen Schritten vorzunehmen und lieber nach dem Abschmecken noch einmal nachzusüßen, als direkt den Teig zu übersüßen. Abschmecken lohnt in jedem Fall, denn der Eigengeschmack der Lebensmittel (z. B. von Obst) kann auch zum süßen Gesamtergebnis beitragen. Aspartam-Streusüße ist beispielsweise ein idealer Zuckerersatz. Sie schmeckt angenehm süß ohne den leicht metallischen Nachgeschmack. 1 Teelöffel Streusüße hat das gleiche Volumen und die gleiche Süßkraft wie ein Teelöffel Zucker. Dabei ist sie kalorienarm und nahezu kohlenhydratfrei (1 TL/5 g = 2 kcal und 0,04 BE).

Streusüße auf Aspartambasis kommt zum Einsatz bei Obst, Joghurt, Müsli, Desserts sowie zum Süßen von Heiß- und Kaltgetränken. Sie eignet sich auch sehr gut als Puderzuckerersatz, ist koch- und gefrierfest. Auch zum Backen von Keksen kann sie verwendet werden. Doch bei längeren Backzeiten und -temperaturen von 180 Grad aufwärts verliert diese Streusüße ihre Süßkraft. Alle Produkte dieser Art enthalten Malto-Dextrin, um sie rieselfähig zu machen. Der Anteil ist jedoch so gering, dass er keine Auswirkung auf den Blutzuckerspiegel hat. Aspartam-Streusüße gibt es im Supermarkt, in Drogeriemärkten und Reformhäusern.

Fett sparen beim Backen

Die Verwendung von Backpapier ist eine gute Möglichkeit, Fett zu sparen. Springformen und Backbleche können einfach, hygienisch und schnell mit Backpapier ausgelegt werden. Damit das Papier auf dem Blech und in der Form besser haftet, geben Sie ein paar Tropfen kaltes Wasser auf das Blech oder die Form, bevor das Papier darauf kommt. Eine weitere Alternative sind hitzebeständige Silikonbackunterlagen. Sie werden einfach auf das Blech gelegt. Sie sind wiederverwendbar und lassen sich nach dem Backen einfach säubern.

Cremig gebundene Saucen

Anstelle von Sahne zur Cremigkeit und Mehl zum Binden eignet sich Naturjoghurt, der mit Mehl glatt gerührt wird. Geben Sie den angerührten Joghurt erst dann in die Sauce, nachdem sie zum letzen Mal aufgekocht wurde. Durch die Resthitze zieht sie nach und wird dicker. Wichtig dabei ist, dass die Flüssigkeit nicht mehr aufkocht, damit der Joghurt nicht ausflockt und gerinnt. Wenn Sie mögen, können Sie den angerührten Joghurt direkt würzen. Auch Kokosmilch ist eine gute Alternative zu Sahne und Co. Geschmacklich ist sie vielseitig einsetzbar. Sie passt zu Fisch, Geflügel, aber auch als Grundlage für köstlichen Milchreis. Ihre Nährwerte können sich sehen lassen: 100 ml Kokosmilch liefern im Schnitt etwa 1 Gramm Fett und maximal 2 Gramm Kohlenhydrate. Dazu ist sie als rein pflanzliches Produkt auch noch cholesterinfrei.

Fleisch fettarm zubereiten

Mithilfe eines Bratschlauchs können Sie ohne großen Aufwand einen leckeren Braten zaubern. Das fertig gewürzte Fleisch wird einfach in einen hitzebeständigen Bratschlauch gegeben, einseitig verschlossen und mit Flüssigkeit aufgefüllt. Nachdem die 2. Seite auch verschlossen ist, gart das Fleisch im Backofen im eigenen Saft. Sie brauchen dazu weder einen Bräter, noch müssen Sie die ganze Zeit am Herd stehen. Ist das Fleisch gar, wird die Sauce in einem Topf noch einmal aufgekocht, abgeschmeckt und falls nötig gebunden.

Wenn Sie Gehacktes für Bolognese und Co. anbraten möchten, brauchen Sie dazu kein Extrafett. Im Hackfleisch – auch in fettarmen Sorten – steckt genug Fett, das beim Braten austritt. Wenn Sie das Gefühl haben, dass Ihnen das Fleisch ohne Fett in der Pfanne zu schnell am Pfannenboden kleben bleibt, gießen Sie einfach ein wenig Wasser oder Mineralwasser dazu. Zur besseren Röstung stäuben Sie noch etwas Paprikapulver darüber.

Kross und knuspriges Grillhähnchen

Die Haut von Hähnchen wird kross und knusprig, wenn sie statt mit Öl, mit einer Marinade aus Wasser, Paprikapulver, Pfeffer und Salz eingepinselt wird. Das spart Fett, ohne an Geschmack einzubüßen. Wenn Sie Hähnchenkeulen nicht in eine Auflaufform, sondern direkt auf dem Gitter im Backofen grillen, dann schieben Sie einfach eine Fettpfanne oder ein Kuchenblech unter das Gitter. So kann austretendes Fett hygienisch abtropfen. Zusätzlich können Sie noch eine Schicht Backpapier oder eine Silikonbackunterlage verwenden. Das Backpapier kann danach einfach entsorgt und die Silikonbackunterlage ganz einfach gereinigt werden.

Schnell und schonend: Kochen im Wok

Kochen im Wok ist eine der schonendsten und fettärmsten Garmethoden.
Die hohe Gartemperatur und die große Kontaktfläche machen es möglich, dass während des Garens möglichst wenig Vitamine zerstört werden. Durch das Rühren und die spezielle Pfannenform bleibt der Fettverbrauch sehr niedrig. Und in kurzer Zeit haben Sie etwas Leckeres im Wok zubereitet. Dank der sehr schonenden Zubereitung kommt der Eigengeschmack der verschiedenen Lebensmittel sehr gut zur Geltung.
So kann auch die Kochsalzmenge im Pfannengericht ohne geschmackliche Einbußen reduziert werden.

Pudding mit Süßstoff süßen

Pudding ist warm und pur ein Hochgenuss. Er eignet sich auch als Zutat für leckere Füllungen in Kuchen und Süßspeisen. Sie können Pudding ganz einfach und preisgünstig selbst kochen, ohne auf fertige Produkte zurückgreifen zu müssen. Dazu brauchen Sie herkömmliches Koch-Puddingpulver (Vanille, Schoko, Mandel, Sahne oder Erdbeere), Milch und flüssigen Süßstoff. Ein halber Liter Milch wird nach Packungsanweisung erhitzt und ein kleiner Teil mit dem Puddingpulver angerührt. Den Zucker auf dem Rezept ersetzen Sie durch flüssigen Süßstoff. So liefert Ihnen das ganze Rezept 4,6 BE (500 ml Milch/2 BE und 40 g/2,6 BE Puddingpulver).

Desserts mit Gelatine

Gelatine eignet sich für alle Zubereitungen, die stich- oder schnittfest sein sollen. Gelatine gibt es in Rot und Weiß, gemahlen oder als Blätter. Da sie kaum Kalorien, kein Fett und keine BE/KE liefert, ist sie ideal für die figurfreundliche Küche. Wenn Sie Kiwi, Mango, Papaya oder Ananas mit Gelatine verarbeiten, müssen Sie die Früchte oder deren Mus erst kurz aufkochen, da diese in rohem Zustand ein eiweißspaltendes Enzym enthalten, das die Gelierfähigkeit von Gelatine blockiert. Erst in gekochtem Zustand wird dieses Enzym bei Südfrüchten zerstört und die Speise geliert stichfest.

Müslis selber mischen

Müsli ist nicht gleich Müsli. Es gibt auch keine einheitliche Bezeichnung dafür. So kann eine Mischung aus karamelisierten Getreideflocken mit Honig und Schokolade als Müsli bezeichnet werden. Ebenso aber auch eine Getreidemischung mit Sonnenblumenkernen und Haferkleie. Achten Sie deshalb beim Müslikauf darauf, dass in der Mischung wenige, besser keine Rosinen und anderes Trockenobst sowie Zucker oder Honig enthalten sind. Geben Sie stattdessen frisches Obst zur Mischung. Ob und wie viel Trockenobst im Müsli enthalten ist, erkennen Sie an der Mischung in einer transparenten Verpackung. In der Zutatenliste auf der Verpackung finden Sie auch die Angaben über Zucker oder Honig. Stehen Rosinen, Zucker oder Honig ganz weit vorne, dann ist ihr Anteil entsprechend hoch und das Gesamtprodukt sehr kohlenhydratreich.

Frischen Fisch zubereiten

Damit frischer Fisch garantiert gelingt und schmeckt, gehen Sie bei der Zubereitung nach der sogenannten 3-S-Regel vor. Sie steht für Säubern, Säuern und Salzen. Zuerst wird der frische Fisch nach dem Ausnehmen unter kaltem Wasser abgespült und dann getrocknet und anschließend mit Zitronensaft oder Essig beträufelt. Frischen Fisch erkennen Sie an seinen Augen. Sind sie klar und prall, ist der Fisch frisch. Er hat eine metallisch glänzende Haut mit fest sitzenden Schuppen, ohne Druckstellen und Verletzungen. Frischer Fisch sollte an allen Stellen, an denen sein Blut sichtbar wird – an den Kiemen und der Innenseite der Bauchhöhle – leuchtend rot sein. Verlassen Sie sich auch auf Ihre Nase und machen den Schnuppertest. Frischer Fisch duftet nach Meer, Jod und Algen.

Essen unterwegs

Ganz gleich, ob Stadtbummel, Radtour oder auf Reisen – perfekt ins Gepäck passt eine mittelgroße Banane (ca. 2 bis 2,5 BE) oder ein mittelgroßer Apfel (ca. 1,5 BE). Wenn es eine Birne sein soll, bevorzugen Sie kleine Exemplare. Mittlere bis große Birnen kommen schnell auf 3 bis 4 BE und werden häufig fälschlicherweise mit dem BE-Wert von Äpfeln gleichgesetzt. Frisches Obst hat außerdem den Vorteil, nahezu fettfrei zu sein. Darüber freut sich die Linie, besonders bei Typ-2-Diabetes. Auch eine 0,5-Liter-Flasche Mineralwasser gehört ins Gepäck. Damit vergessen Sie das Trinken nicht. Wenn Ihnen Wasser zu eintönig ist, können Sie auch colahaltige light/zero-Getränke auswählen. Sie sind nahezu energiefrei und haben keine Auswirkung auf den Blutzuckerspiegel. Auch Limonaden mit dem Zusatz »kalorienarm« (haben laut Gesetz max. 20 kcal in 100 ml) oder in der light/zero-Version sind gute Alternativen. Trotzdem lohnt hier der Blick auf die Nährwertanalyse. Geben Sie in der Bäckerei Pikantem den Vorzug. Also keine süßen Teilchen, Muffins oder Kuchen, sondern Körnerbrötchen (normal große liefern im Schnitt 2 bis 3 BE). Auch ein fertiger Salat mit Essig-Öl-Dressing bietet sich unterwegs optimal an. Lecker mit Thunfisch, gekochtem Ei oder Putenbrust.

▲ Unterwegs geht es auch ohne Fast Food. Etwas Obst oder ein Körnerbrötchen aus der Bäckerei bieten lecker-gesunde Alternativen.

Hinweis zu den Rezepten

Lesen Sie bitte vor der Zubereitung das komplette Rezept durch. So werden Ihnen Arbeitsabläufe und Zusammenhänge klar und verständlich.

Nährwertangaben

- kcal = Kilokalorien
- g E = Eiweiß in g (4 kcal/g)
- g F = Fett in g (9 kcal/g)
- g Alk = Alkohol in g (7 kcal/g)
- g KH = Kohlenhydrate in g (4 kcal/g)
- BE = Brot/Berechnungseinheit (pro BE = 12 g verdauliche KH)
- KE = Kohlenhydrateinheit (pro KE = 10 g verdauliche KH)
- g Ba = Ballaststoffe in g
- mg Chol. = Cholesterin in Milligramm

Rezeptzutaten

- TL = Teelöffel
- EL = Esslöffel
- 1 EL Haferflocken/Müsli = 10 g
- 1 EL Weizenmehl = 10 g
- 1 EL Paniermehl = 15 g
- Msp. = Messerspitze
- ml = Milliliter
- l = Liter
- g = g
- max. = maximal
- cm = Zentimeter

Temperaturen

Gas

- 150 bis 175 Grad = Gas Stufe 1 bis 2
- 175 Grad = Gas Stufe 2
- 175 bis 200 Grad = Gas Stufe 2 bis 3
- 200 Grad = Gas Stufe 3

Umluft

- Ofentemperatur minus 10 Prozent
- 180 Grad = 160 Grad Umluft

Häufig gestellte Fragen

» Wie lässt sich ein herkömmliches Plätzchenrezept umrechnen?

Alle herkömmlichen Plätzchenrezepte können mithilfe einer BE/KE-Austauschtabelle berechnet werden. Dazu alle Zutaten, die in den Teig kommen, prüfen, welche davon in der BE/KE-Tabelle als anrechnungspflichtige Lebensmittel gelistet sind. Eier oder Fette sind generell BE/KE-anrechnungsfrei. Dann die entsprechenden BE/KE-Werte je Zutat notieren und komplett addieren. Die Gesamtzahl wird durch die Anzahl der Kekse dividiert – das ergibt die BE/KE-Menge pro Keks.

» Ist Zucker bei Diabetes erlaubt?

Seit Mitte der 90-er-Jahre ist es auch in der Diabetes-Therapie möglich, gezuckerte Lebensmittel in den Speiseplan einzubauen. Und das geht folgendermaßen: Die Deutsche Diabetes Gesellschaft (DDG) gibt in ihren Leitlinien zur Diabetes-Ernährung an, dass maximal 10 Prozent der täglichen Kalorienmenge durch zuckerhaltige Lebensmittel gegessen werden können – nicht müssen! Für die Praxis ist das eine Menge von etwa 30 bis 50 Gramm täglich.

» Wie sieht es mit Alkohol aus?

Selbst in geringen Mengen kann Alkohol zur Hypoglykämie (Unterzuckerung) führen. Das gilt insbesondere für Diabetiker, die Tabletten zur Blutzuckersenkung einnehmen (z. B. Sulfonylharnstoffe), als auch für insulinspritzende Diabetiker. Hochprozentige Alkoholika wie Cognac verzögern die Magenentleerung, sodass gegessene kohlenhydrathaltige Lebensmittel langsamer als üblich ins Blut gelangen. Falls alkoholische Getränke gleichzeitig mit Kohlenhydraten gegessen werden (Beispiel ein Glas Bier oder trockener Wein zur Hauptmahlzeit), sollte für enthaltene Kohlenhydrate aus dem Bier kein zusätzliches Insulin gespritzt werden.

» Senkt Zimt meinen Blutzucker?

Nach heutigem Stand der Wissenschaft lässt sich ganz klar sagen: Nein! Es gibt zwar Ergebnisse kleinerer Studien, die das belegen. Sie sind jedoch für die breite Masse nicht repräsentativ. Empfehlung: Verwenden Sie Zimtstangen und Zimtpulver ganz normal als Gewürz. Zimtkapseln & Co. dagegen sind für gute Blutzuckerwerte nicht notwendig.

» Darf ich Weintrauben essen?

Früher gab es die Empfehlung, bei Diabetes keine Weintrauben zu essen. Sie zählen tatsächlich zu den Obststorten, die bereits in kleiner Menge 1 BE/KE entsprechen. Das hängt mit ihrem hohen Gehalt an Traubenzucker (Glukose) zusammen. Etwa 7 mittelgroße Trauben (70 g) entsprechen 1 BE bzw. 6 mittelgroße Trauben (60 g) 1 KE. Für den alleinigen Verzehr, z. B. als Zwischenmahlzeit, sind sie aufgrund ihrer Blutzuckerwirksamkeit weniger zu empfehlen. In Kombination mit Gemüse oder Salat können sie jedoch zur ganz besonderen Note des Gerichts beitragen. Zutaten wie Gemüse und Käse oder Öl sorgen dafür, dass der Blutzucker – trotz Weintrauben – nicht so stark ansteigt.

» Wie kann ich künstliche Süßstoffe am besten dosieren?

Die Süßkraft einer Süßstofftablette entspricht im Schnitt 1 Würfel oder 1 Teelöffel Zucker (4 bis 5 Gramm). 1 Löffel Streusüße süßt so intensiv wie 1 Teelöffel Zucker und ist dennoch 10-mal kalorienärmer. 8 Tropfen Flüssigsüße entsprechen der Menge 1 Teelöffels Zucker, 25 Tropfen 1 Esslöffel Zucker. Statt 100 Gramm Zucker rechnen Sie 7,5 ml Flüssigsüße.

» Darf ich als Diabetiker Honig essen?

Wenn Sie einmal Appetit auf Honig haben, dann müssen Sie heutzutage zum Glück nicht mehr darauf verzichten. Die Deutsche Diabetes Gesellschaft (DDG) empfiehlt, die Menge von maximal 10 Prozent der täglichen Gesamtkalorien durch zuckerhaltige Lebensmittel nicht zu überschreiten. Wenn Sie sich danach richten, sind Sie auf der sicheren Seite.

Rezepte – reichhaltig kochen

Sie werden schnell merken, dass es gar nicht schwer ist, fettarm zu kochen und dabei die KEs im Auge zu behalten. Die Rezepte schmecken darüber hinaus der ganzen Familie, und die Gerichte werden Ihnen dabei helfen, wie von selbst Ihr Gewicht zu reduzieren.

So gelingt die Umstellung

Gehen Sie Schritt für Schritt vor, so gelangen Sie schneller ans Ziel und bleiben auch dabei. Denn alles, was 6 Wochen lang stetig wiederholt wurde, geht einfacher und schneller in Fleisch und Blut über. Damit Sie Ihr Essverhalten besser einschätzen können, führen Sie 2 Wochen lang ein Ernährungstagebuch. Schreiben Sie hier alles auf, was Sie essen und trinken – auch jede Nascherei. Bleiben Sie ehrlich, hier geht es darum, zu erkennen, wo sich etwas ändern lässt.

Was will ich ändern?

Nach den beiden Ernährungstagebuchwochen schreiben Sie auf, was Sie ändern möchten. Sinnvoll wäre es, täglich 1 bis 2 Portionen frisches Obst zu essen und 2 bis 3 Portionen Gemüse, Salat und Co. Wie sieht es mit Vollkornprodukten aus? Stehen genügend auf Ihrem Speisezettel – oder bedarf es da einer Aufstockung? Je detaillierter der Einkaufszettel zu Anfang ist, desto einfacher fällt die Auswahl im Geschäft. Geben Sie fettarmen Produkten generell den Vorzug. Ganz gleich, ob Milch und Milchprodukte, Aufschnitt und Fleisch. Gehen Sie auf Entdeckungstour im Supermarkt und nehmen sich zu Anfang mehr Zeit, damit Sie neue Produkte finden und die Analysen auf der Packung studieren können.

Saisonal auswählen

In der Obst- und Gemüseabteilung heißt es nach Jahreszeit auswählen, so versorgen Sie den Körper auf natürlichem Weg mit Vitaminen und Mineralstoffen. Zu Hause heißt es möglichst frisch und regelmäßig kochen und öfter einmal neue Rezepte ausprobieren.

Allrounddressing für Salate

Ganz gleich, ob Blattsalatkreation oder bunter Salat – dieses Dressing passt einfach zu jedem Grünzeug. Mit einem Klacks fettreduzierter Salatcreme lässt sich damit sogar Kartoffel- oder Nudelsalat zubereiten.

▶ **Für 2 Personen**

½ Bund frische Kräuter (Petersilie, Schnittlauch, Dill) · 1 TL mittelscharfer Senf · 2 EL Balsamico-Essig · etwas frisch gemahlener Pfeffer · etwas Kräuter-Jodsalz · etwas flüssiger Süßstoff · 1 EL Oliven-, Raps- oder Kürbiskernöl

- Die Kräuter waschen, trocknen, fein hacken. Senf, Essig, Pfeffer und Kräutersalz in einen Mixer oder Shaker füllen und gut durchmixen. Mit flüssigem Süßstoff abschmecken und zum Schluss das Öl zugeben.
- Die fertige Mischung in eine saubere, fest verschließbare Flasche füllen und – ohne Zwiebelwürfel, Knoblauch und Kerne im Kühlschrank aufbewahren. Hier hält sie sich dann etwa 1 Woche. Möchten Sie gerne ein cremig-weißes Dressing, rühren Sie in Ihr fertiges Dressing 1 bis 2 Teelöffel fettreduzierte Salatcreme.

Variation. 2 EL Zwiebelwürfel, etwas gehackter Knoblauch, 1 TL Kerne wie Sonnenblumen- oder Kürbiskerne oder 1 bis 2 TL fettreduzierte Salatcreme

Nährwerte pro Portion, ohne weitere Geschmackszutaten
45 kcal / 0 g E / 5 g F / 0 g KH / 0 g Ba / 0 BE / 0 KE / 0 mg Chol.

Quark-Öl-Teig

Aus diesem Grundrezept lässt sich – in doppelter Menge – sogar der Teig für ein Blech Pizza herstellen. Quark-Öl-Teig ist ein besonders locker-luftiger Teig. Der Teig lässt sich pikant als auch süß zubereiten – ein wahrer Tausendsassa.

▶ Für 6 kleine Pizzataschen

150 g Magerquark · 6 EL Maiskeim- oder Sonnenblumenöl
1 Ei · ½ TL Jodsalz · 300 g Weizenmehl (Type 550)
3 TL Backpulver

- Den Backofen auf 180 Grad vorheizen (Umluft: 160 Grad, Gas Stufe 2). Quark mit Öl, Ei und Salz mit den Quirlen des Mixers gründlich verrühren. Das Mehl mit Backpulver mischen. Die Hälfte mit den Knethacken des Mixers unterrühren. Restliches Backpulvermehl mit den Händen unter den Teig arbeiten, bis sich alle Zutaten verbunden haben.
- Den Teig in 6 Teile teilen und entweder zwischen 2 Lagen Klarsichtfolie oder mit einer Silikonbackrolle ausrollen. Beides spart unnötiges Mehl zum Ausrollen. Jeweils ein dünnes Rechteck ausrollen. Dieses mit einer Gemüse- oder Käse-Kräuter-Füllung auf einer Hälfte belegen. Die andere Teighälfte darüber klappen und die Ränder gut zusammendrücken. Im vorgeheizten Backofen 25 bis 30 Min. backen.

Nährwerte pro Tasche, ohne Füllung
295 kcal / 10 g E / 12 g F / 37 g KH / 2 g Ba / 2,5 BE
3,3 KE / 40 mg Chol.

Selbst gemachter Pudding

Für süße Leckermäuler muss es nicht immer der gekaufte Pudding aus dem Becher sein. Selbst gekocht schmeckt immer noch am besten und lässt sich prima abwandeln, z. B. mit Quark verfeinert oder mit ein paar gehackten Nüssen oder Gewürzen wie Zimt oder Anis.

▶ Für 2 Personen

500 ml fettarme Milch · 1 Päckchen herkömmliches Kochpuddingpulver (Vanille, Schoko, Mandel, Sahne oder Erdbeere, 40 g) · etwas flüssiger Süßstoff nach Geschmack

- Die Milch zum Kochen bringen. 5 Esslöffel Milch zurückbehalten und das Puddingpulver damit anrühren. Wenn die Milch kocht, dass angerührte Puddingpulver in die Milch rühren und aufkochen lassen. Mit flüssigem Süßstoff abschmecken.
- Den Pudding von der Kochstelle nehmen, in eine saubere Schüssel füllen und einen Löffel unter die Schüssel legen, sodass die Schüssel schräg steht und besser abkühlen kann. Mehrmals mit einem Schneebesen kräftig durchrühren, damit der Pudding kalt wird und sich keine Haut bildet.

Nährwerte pro Portion
188 kcal / 9 g E / 4 g F / 29 g KH / 0 Ba / 2,3 BE / 2,5 KE
15 mg Chol.

Apfeljoghurt mit Haferflocken

Schön apfelig und dank jeder Menge Ballaststoffen lange sättigend.

▶ Für 1 Person

Gut vorzubereiten ⏲ **5 Min.**

1 mittelgroßer Apfel (ca. 150 g) · 1 TL Zitronensaft · 250 g Naturjoghurt (1,5 % Fett) · 1 Msp. Zimtpulver · flüssiger Süßstoff nach Geschmack · 2 EL Vollkornhaferflocken (20 g)

- Den Apfel waschen und mit Schale auf einer Reibe grob reiben. Dann in eine Schüssel geben und mit dem Zitronensaft mischen, damit der Apfel nicht braun wird.
- Den Naturjoghurt unterrühren und das Ganze mit Zimtpulver und flüssigem Süßstoff abschmecken. Die Haferflocken in den Apfeljoghurt einrühren.

Tipp

Wenn Sie die Haferflocken lieber etwas weicher mögen, lassen Sie den zubereiteten Joghurt eine ½ Stunde ziehen.

Nährwerte pro Portion

240 kcal / 14 g E / 2 g F / 42 g KH / 4 g Ba / 3,5 BE / 4 KE
2 mg Chol.

FRÜHSTÜCKSIDEEN

Aprikosenquark mit körnigem Frischkäse

Quark liefert hochwertiges Eiweiß. In Verbindung mit Aprikosen schmeckt er fruchtig frisch.

▶ Für 1 Person

Gelingt leicht 5 Min.

3 kleine Aprikosen (ca. 120 g) · 150 g Magerquark · etwas Mineralwasser · 50 ml Orangensaft (100 % Frucht, ohne Zuckerzusatz) · 50 g körniger Frischkäse · flüssiger Süßstoff nach Geschmack

- Die Aprikosen waschen, entsteinen und in Spalten schneiden. Dann den Quark in einer Schale mit etwas Mineralwasser und dem Orangensaft glatt rühren.
- Zum Schluss den körnigen Frischkäse unterrühren, die geschnittenen Aprikosen zugeben und mit flüssigem Süßstoff abschmecken.

Tipp

Magerquark kann sehr leicht und schnell mit Mineralwasser glatt gerührt werden. Wenn Sie Orangensaft kaufen, dann achten Sie darauf, dass er zu 100 % aus Frucht bzw. Fruchtkonzentrat besteht – also ohne Zuckerzusatz.

Nährwerte pro Portion

230 kcal / 28 g E / 3 g F / 22 g KH / 2 g Ba / 1,5 BE / 1,5 KE
10 mg Chol.

Erdbeermüsli

Schön frisch und sommerlich – am besten auf dem Balkon genießen.

▶ Für 1 Person

Preisgünstig 8 Min.

200 g Erdbeeren · 250 g Naturjoghurt (0,1 % Fett) · flüssiger Süßstoff nach Geschmack · 2 EL Müsli (ohne Trockenobst und Zuckerzusatz, ca. 20 g)

- Die Erdbeeren waschen, putzen und je nach Größe halbieren oder vierteln. Dann den Joghurt in einer Schale glatt rühren und mit flüssigem Süßstoff abschmecken. Jetzt das Müsli zugeben, umrühren und zum Schluss mit den Erdbeeren mischen.

Tipp

Achten Sie beim Müslikauf darauf, dass in der Mischung wenige, besser keine Rosinen und anderes Trockenobst sowie Zucker oder Honig enthalten sind. Geben Sie stattdessen frisches Obst zur Mischung. Das spart unnötige Kohlenhydrate durch Zucker und liefert Vitamine und Mineralstoffe auf ganz natürliche Art.

Nährwerte pro Portion

210 kcal / 14 g E / 1 g F / 36 g KH / 5 g Ba / 3 BE / 3,5 KE
2 mg Chol.

WISSEN

Was sind Fitnesscornflakes?

Neben den klassischen Cornflakes gibt es heute eine Reihe von Sorten mit einem hohen Vollkornanteil. Diese werden im Handel häufig als Wellnessflakes, fettarme Spezialflakes oder Fitnessflakes angeboten, die vom Geschmack her eher kernig-nussig sind. Ihr Ballaststoffgehalt ist etwas höher als bei herkömmlichen Cornflakes. Das ist in jedem Fall besser für den Blutzuckerverlauf. Mithilfe der Nährwertanalyse auf der Verpackung können Sie sich den BE/KE-Gehalt Ihrer Portionsgröße ganz einfach errechnen.

Multivitamin-Porridge

Wie wäre es mit einer warmen Suppe zum Frühstück?

▶ Für 1 Person

Gelingt leicht ⏲ **2 Min. + 8 Min. Quellzeit**

150 ml fettarme Milch · 100 ml Multivitaminsaft light · 4 EL Haferflocken (40 g) · evtl. etwas flüssiger Süßstoff nach Geschmack

- Die Milch und den Multivitaminsaft in einen Topf geben, auf mittlerer Stufe zum Kochen bringen und die Haferflocken einrühren. 5 bis 8 Min. quellen lassen, dabei immer wieder umrühren und je nach Gusto mit etwas flüssigem Süßstoff abschmecken.
- Falls Ihnen der Porridge zu dick ist, können Sie einen Schuss Wasser hineinrühren. Warm genießen.

Nährwerte pro Portion

230 kcal / 11 g E / 3 g F / 39 g KH
2 g Ba / 3,1 BE / 3,8 KE / 3 mg Chol.

Himbeeren mit Cornflakes

Reichlich Ballaststoffe stecken in diesem Frühstück!

▶ Für 1 Person

Gelingt leicht ⏲ **5 Min.**

50 g Fitnesscornflakes (aus Vollkorn) 150 g Himbeeren (frisch oder tiefgekühlt) · 200 ml fettarme Milch flüssiger Süßstoff nach Geschmack

- Die Cornflakes in eine Schüssel geben. Die Himbeeren, wenn nötig, kurz abspülen und verlesen. Milch auf die Cornflakes gießen, mit flüssigem Süßstoff abschmecken und die Himbeeren vorsichtig unterheben.

▶ Variante

Wenn Sie keine Himbeeren vorrätig haben, kein Problem! Die Cornflakes schmecken auch mit frischen Erdbeeren oder anderem Beerenobst köstlich – ein ideales Sommerfrühstück.

Nährwerte pro Portion

320 kcal / 13 g E / 4 g F / 58 g KH
9 g Ba / 4,8 BE / 5,8 KE / 10 mg Chol.

WISSEN

Frühstücksideen

- Halbfettbutter, Halbfettmargarine, Streichfett mit 28 % Fett
- Senf, Tomatenmark
- Magerquark, fettreduzierter Frischkäse, max. 17 % Fett
- Vollkornbrot, Vollkornbrötchen, Körnerbrötchen, Knäckebrot, Mischbrot
- Light-Konfitüre, zuckerreduzierte Konfitüre
- vegetarische Pasteten, Geflügelwurst, fettreduzierte Wurst mit max. 15 bis 20 % Fett
- kleine Portionen geräucherter Lachs (je ca. 30 g)
- Sauermilchkäse wie Harzer, Limburger, Stangenkäse
- Camembert (max. 30 % F. i. Tr., ca. 15 bis 20 % Fett absolut)
- Schnittkäse Dreiviertelfettstufe bzw. 30 % F. i. Tr. (ca. 15 bis 20 % Fett absolut)
- 1 bis 2 gekochte Eier pro Woche
- Fruchtsaft 100 % Frucht, ohne Zuckerzusatz, Fruchtsaft light/kalorienarm
- frische Früchte
- Müsli ohne Zucker- und Honigzusatz »Crunchy«, Müsli ohne Rosinen, Müsli mit wenig/ohne Trockenfrüchte, Haferflocken
- Milch mit 1,5 % Fett, Kondensmilch mit max. 4 % Fett, Naturjoghurt (0,1 bis 1,5 % Fett)
- flüssiger Süßstoff, Süßstofftabletten

Zwiebackschmarrn mit Orange

Ein schönes Frühstück fürs Wochenende, und Kinder lieben den Zwiebackschmarrn besonders.

▶ Für 1 Person

Braucht etwas mehr Zeit

10 Min. + 2 Min. Garzeit

1 Ei
100 ml fettarme Milch
flüssiger Süßstoff
1 Prise Salz
2 Scheiben Vollkornzwieback (20 g)
2 kleine Orangen
1 EL Sonnenblumenkernöl
1 TL Streusüße (z. B. »Canderel«)

- Ei, Milch, Süßstoff und Salz in einem tiefen Teller verquirlen. Den Zwieback in Stücke brechen, in die Eiermilch legen und 10 Min. ziehen lassen. Die Orangen schälen und die Filets herausschneiden. Die Reste der Orange über der Zwieback-Eier-Milch ausdrücken.
- Das Öl in einer Pfanne erhitzen, den Zwieback hineingeben und auf kleiner Flamme stocken lassen. Mit 2 Gabeln in Stücke zupfen – ähnlich wie bei Kaiserschmarrn. Den Zwiebackschmarrn auf einem Teller anrichten und mit den Orangenfilets garnieren. Etwas Streusüße darüberstäuben und lauwarm genießen.

Nährwerte pro Portion

320 kcal / 14 g E / 17 g F / 28 g KH / 4 g Ba / 2,3 BE / 2,5 KE / 240 mg Chol.

SO WIRD'S GEMACHT

Ganz leicht: Orangen filettieren

Um Filets ohne Haut aus einer Orange herauszuschneiden, werden die Ober- und Unterseite der Orange mit dem Messer gerade abgeschnitten ❶. Die Orange auf ein Brett stellen und dann die Seiten dick abschneiden, sodass nur noch eine kleine Orangenkugel ohne weiße Haut übrig bleibt ❷. Mit einem scharfen Messer Filets (ohne Haut) aus den Trennwänden der Orange lösen – dabei nicht zu tief in die Orange hineinschneiden ❸. Je nach Größe der Orange brauchen Sie zwei kleine Früchte, um etwa 100 g Filets zu erhalten ❹.

Kräuterrührei

Rührei darf beim Sonntagsfrühstück natürlich nicht fehlen.

▶ Für 1 Person

Preisgünstig ⏲ **5 Min. + 5 Min. Garzeit**

1 Ei · 50 ml fettarme Milch · Salz · Pfeffer, frisch gemahlen · 1 TL Rapsöl · 1 TL gehackte Kräuter · 1 Tomate · 1 Scheibe Vollkornbrot (50 g) · 1 TL Halbfettmargarine

- Das Ei in einem tiefen Teller mit einer Gabel verquirlen und die Milch unterrühren. Mit Salz und Pfeffer abschmecken. Das Öl in einer Pfanne erhitzen und die Eiermilch darin auf kleiner Flamme stocken lassen. Während des Stockens die gehackten Kräuter unter das Ei rühren.
- Die Tomate abspülen, putzen und in Scheiben schneiden. Das Vollkornbrot mit Margarine bestreichen und mit den Tomatenscheiben belegen. Zum Schluss das fertige Rührei darauf verteilen und heiß servieren.

Nährwerte pro Portion

300 kcal/ 14 g E/ 14 g F/ 29 g KH/ 4 g Ba
2 BE/ 2 KE/ 240 mg Chol.

Obstnest mit Käse und Walnüssen

Ein schönes Frühstück fürs Wochenende: herzhafter Käse, Beeren, Papaya und feine Walnüsse.

▶ Für 1 Person

Gelingt leicht 10 Min.

½ Papaya (ca. 150 g) · 150 g Brombeeren · 5 Physalis (Kapstachelbeeren, ca. 50 g) · 50 g Orangensaft (100 % Frucht) 2 TL Streusüße (z. B. »Canderel« oder »Feine Süße« von Natreen) · 30 g fettreduzierter Gouda (max. 40 % F. i. Tr.) 2 Walnusskerne

- Die Papaya halbieren und mit einem Teelöffel die Kerne herauskratzen. Die Frucht schälen, in mitteldicke Streifen schneiden und auf einem tiefen Teller drapieren. Die Brombeeren abspülen, verlesen und darüber verteilen. Die Physalis aus der Hülle nehmen, abspülen, halbieren und zum Obst geben.
- Den Orangensaft mit 1 Teelöffel Streusüße mischen und über das Obst gießen. Den Schnittkäse in Streifen schneiden und auf das Obst legen. Die Walnusskerne zerdrücken, mit dem zweiten Teelöffel Streusüße bestäuben und über das Obstnest streuen.

▶ Variante

Wenn Sie keinen Schnittkäse im Haus haben, können Sie auch geriebenen, fettarmen Käse verwenden. Reicht Ihnen die BE/KE-Menge nicht aus, stocken Sie einfach mit Haferflocken, Müsli oder einem frischen Brötchen auf.

Nährwerte pro Portion

450 kcal / 18 g E / 32 g F / 23 g KH / 16 g Ba / 2 BE / 2 KE
10 mg Chol.

◀ Obstnest mit Käse und Walnüssen.

Knackige Mehrkornstange

Alles drauf, was gut ist: Salat, Schinken, Käse.

▶ Für 1 Person

Preisgünstig 8 Min.

1 Mehrkornstange (ca. 80 g) · 1 EL Halbfettmargarine 1 EL gehackte Kräuter · 2 große Blätter Eisberg- oder Lollo-Bionda-Salat · ¼ Salatgurke · 1 kleiner Apfel (100 g) 1 Scheibe gekochter Schinken · 1 Scheibe fettreduzierter Schnittkäse (max. 40 % F. i. Tr.)

- Beide Hälften der Vollkornstange mit Margarine bestreichen. Die Kräuter darauf verteilen. Den Salat abspülen und mit einem Küchenkrepp trocken tupfen. Die Gurke schälen und in mitteldicke Scheiben schneiden. Den Apfel abspülen, vom Kerngehäuse befreien, vierteln und mit der Schale in Spalten schneiden.
- Eine Seite der Vollkornstange mit der Hälfte der Gurkenscheiben und die andere Seite mit der Hälfte der Apfelspalten belegen. Die Salatblätter auf den Hälften verteilen. Nun auf die Apfelhälfte die restlichen Gurkenscheiben und auf die Gurkenhälfte die Apfelspalten legen. Zum Schluss die eine Seite mit dem gekochten Schinken und die andere Hälfte mit dem Schnittkäse belegen.

Tipp

Möchten Sie die Mehrkornstange mit zur Arbeit nehmen? Dann zuklappen und ab in die Brotdose!

Nährwerte pro Portion

400 kcal / 22 g E / 12 g F / 51 g KH / 6 g Ba / 4 BE / 5 KE
35 mg Chol.

Bagel – süß und pikant

Bagels sind in aller Munde: ob süß oder pikant.

▶ Für 1 Person

Gelingt leicht 5 Min.

1 Bagelbrötchen (100 g) · 20 g Lachsfrischkäse (16 % Fett) · etwas Kresse · 1 TL Halbfettbutter oder -margarine · 1 TL Erdbeerkonfitüre (kalorienreduziert, 5 g)

- Den Bagel im Backofen oder auf dem Toaster aufbacken und halbieren. Eine Seite mit Lachsfrischkäse bestreichen und mit etwas Kresse bestreuen. Die andere Bagelseite mit Halbfettbutter oder -margarine bestreichen und darauf die Konfitüre verteilen.

Tipp

In den USA sind Bagels mit Frischkäse (Cream Cheese) und Räucherlachs zum Frühstück sehr populär. Bagels mit Vollkorn, Sesam und viele andere Variationen bekommen Sie in Bagelshops oder in Supermärkten, die amerikanische Lebensmittel anbieten.

Nährwerte pro Portion

315 kcal / 10 g E / 7 g F / 53 g KH
3 g Ba / 4 BE / 5 KE / 5 mg Chol.

Vollkornbrot mit Zwiebelharzer

Wer es deftig mag, kommt beim Zwiebelharzer voll auf seine Kosten.

▶ Für 1 Person

Preisgünstig 8 Min.

1 Zwiebel · 1 Scheibe Vollkornbrot (50 g) · 1 TL Tomatenmark · 50 g Harzer Roller · 1 TL Rapsöl · ¼ TL Kümmel · etwas Petersilie

- Die Zwiebel abziehen, kalt abspülen, eine Hälfte sehr fein würfeln und die andere Hälfte in dünne Ringe schneiden. Das Vollkornbrot mit dem Tomatenmark bestreichen und darauf die Zwiebelringe verteilen.
- Den Harzer in kleine Würfel schneiden und in einem Schälchen mit Öl, Kümmel und den Zwiebelwürfeln vermengen. Die Mischung auf dem Brot verteilen und mit Petersilie garniert servieren.

Nährwerte pro Portion

235 kcal / 19 g E / 6 g F / 26 g KH
4 g Ba / 2 BE / 2 KE / 1 mg Chol.

Körnerbrötchen zweierlei

Knackig beginnen Sie den Morgen mit diesem Körnerbrötchen.

▶ Für 1 Person

Fettarm 5 Min.

1 Körnerbrötchen (50 g) · 1 TL fettreduzierte Margarine (max. 24 % Fett) · 1 TL fettreduzierter Frischkäse (max. 5 % Fett) · 2 Scheiben Lachsschinken 1 TL Honig (5 g)

- Eine Brötchenhälfte mit Margarine, die andere mit Fischkäse bestreichen. Auf die Margarinehälfte den Schinken und auf die Frischkäsehälfte den Honig geben. Ein idealer Snack für den Start in den Tag.

Nährwerte pro Portion

185 kcal / 9 g E / 3 g F / 30 g KH
davon 4 g Zucker / 3 g Ba / 2,5 BE
3 KE / 15 mg Chol.

Birnen-Camembert-Baguette

Ganz fein mit französischem Einschlag – prima auch zum Mitnehmen.

▶ Für 1 Person

Gelingt leicht ⏲ **5 Min.**

1 Baguettebrötchen (80 g) · 20 g vegetarische Pastete (z. B. von Tartex) · etwas Kresse
1 kleine Birne (90 g) · 25 g fettreduzierter Camembert (max. 30 % F. i. Tr.)

- Das Baguettebrötchen halbieren und beide Hälften mit der vegetarischen Pastete bestreichen. Etwas Kresse auf den beiden Baguettehälften verteilen.
- Die Birne abspülen, vom Kerngehäuse befreien, in schmale Spalten schneiden und auf dem Brötchen verteilen. Zum Schluss den Camembert in dünne Scheiben schneiden, auf eine Brötchenhälfte legen und das Brötchen zusammenklappen.

Nährwerte pro Portion

335 kcal / 15 g E / 6 g F / 55 g KH / 6 g Ba
5 BE / 5 KE / 5 mg Chol.

Kürbissuppe mit roten Linsen

Der Herbstklassiker mit reichlich Carotinoiden und dank roter Linsen lange sättigend.

▶ Für 2 Personen

Preisgünstig ⏲ **15 Min. + 80 Min. Garzeit**

300 g Kürbis · 1 Zwiebel · 1 Knoblauchzehe · Salz · Pfeffer, frisch gemahlen · 1 EL Rapsöl · 400 ml Wasser · 1 EL gekörnte Gemüsebrühe · 30 g rote Linsen

- Den Backofen auf 180 Grad (Umluft 160 Grad, Gas Stufe 2) vorheizen. Die Kürbisschale mit einem feuchten Küchenkrepp abreiben und den Kürbis mit Schale in Stücke schneiden. Zwiebel abziehen und vierteln. Knoblauchzehe abziehen und klein hacken.
- Kürbis, Zwiebel und Knoblauch in eine Auflaufform geben, mit Salz und Pfeffer würzen und das Rapsöl darüber träufeln. Das Gemüse 1 Stunde im Ofen rösten.
- Vom Kürbis die Schale lösen und das Gemüse mit dem Pürierstab pürieren und durch ein Sieb in einen Topf streichen. Das Wasser mit der Gemüsebrühe mischen und zum passierten Gemüse in den Topf gießen. Aufkochen lassen und die roten Linsen zugeben, 10–15 Min. köcheln und abschmecken.

Nährwerte pro Portion

142 kcal / 6 g E / 6 g F, 16 g KH / 3 g Ba / 0,5 BE / 0,7 KE
0 mg Chol.

KLEINE GERICHTE

Flusskrebssuppe

Safran, Weißwein, Sahne und Flusskrebse – gönnen Sie sich diese Luxussuppe einfach einmal zwischendurch.

▶ Für 2 Personen

BE/KE-frei 10 Min. + 10 Min. Garzeit

1 Bund Lauchzwiebeln · 2 Zwiebeln · 1 Knoblauchzehe 20 g Krebsbutter · 200 ml trockener Weißwein · Salz | Pfeffer, frisch gemahlen · 1 Prise Safran oder Kurkuma · 150 g Flusskrebse · 2 EL Zitronensaft · 100 ml fettreduzierte Sahne (z. B. »Rama Cremefine«) · 1 Packung Dill (tiefgekühlt)

- Die Lauchzwiebeln putzen und abspülen. Eine Lauchzwiebel in dünne Streifen schneiden und beiseite stellen. Die restlichen Lauchzwiebeln in Ringe schneiden. Zwiebeln und Knoblauch abziehen, die Zwiebeln würfeln und den Knoblauch fein hacken oder zerdrücken.
- Die Krebsbutter in einem Topf erhitzen und die gewürfelten Zwiebeln und den Knoblauch darin andünsten. Mit 200 ml Wasser und dem Weißwein aufgießen und ablöschen. Salzen, pfeffern und eine Prise Kurkuma oder Safran zur Gelbfärbung zugeben. 10 Min. köcheln lassen.
- Die Lauchzwiebelringe zugeben und weitere 2 bis 3 Min. köcheln. Das abgetropfte Flusskrebsfleisch und den Zitronensaft hinzufügen. Noch einmal erhitzen und die fettreduzierte Sahne und den Dill einrühren. Mit Lauchzwiebelstreifen garniert servieren.

Tipp

Wenn Sie keinen Weißwein verwenden möchten, ersetzen Sie ihn einfach durch ⅓ Zitronensaft und ⅔ Wasser.

Nährwerte pro Portion

305 kcal / 17 g E / 15 g F / 10 g Alk / 8 g KH / 2 g Ba / 0 BE 0 KE / 120 mg Chol.

Feldsalatsuppe mit Räucherlachs

Die Suppe ist immer eine raffinierte Vorspeise, wenn Sie Gäste erwarten.

▶ Für 2 Personen

Geht schnell 7 Min. + 8 Min. Garzeit

75 g Feldsalat · 2 Zwiebeln · 2 Knoblauchzehen · 1 EL Rapsöl 4 EL Mehl (40 g) · 300 ml fettarme Milch · Salz | Pfeffer, frisch gemahlen · 2 Scheiben geräucherter Lachs

- Den Feldsalat gründlich abspülen, verlesen und gut abtropfen lassen. Zwiebeln und Knoblauchzehen abziehen. Die Zwiebel fein würfeln und den Knoblauch fein hacken oder zerdrücken. Das Öl erhitzen und die Zwiebeln und den Knoblauch darin anschwitzen. Die Feldsalatblätter dazugeben und etwa 2 Min. dünsten.
- Das Mehl über das Gemüse stäuben und gut umrühren. Die Milch und 200 ml Wasser angießen und mit Salz und Pfeffer würzen. Die Suppe mit halb geöffnetem Deckel weitere 5 bis 8 Min. kochen lassen. In der Zwischenzeit den Lachs in Streifen schneiden. Die Suppe auf zwei tiefe Teller verteilen und mit den Lachsstreifen garnieren.

▶ Das passt dazu

Zu dieser leichten Suppe schmeckt frisches Vollkornbrot mit Butter sehr gut.

Nährwerte pro Portion

235 kcal / 15 g E / 8 g F / 25 g KH / 3 g Ba / 1,5 BE / 2 KE 15 mg Chol.

Tomatensuppe

Schön fruchtig und fein!

▶ Für 2 Personen

BE/KE-frei **10 Min. + 5 Min. Garzeit**

2 Zwiebeln · 2 Knoblauchzehen · 1 TL Olivenöl · 1 große Dose Tomaten (800 g) · Salz | Pfeffer, frisch gemahlen · 1 EL Balsamico-Essig · flüssiger Süßstoff, nach Geschmack 10 Basilikumblätter · 2 TL fettreduzierter Paprikafrischkäse (max. 16 % Fett)

- Zwiebeln und Knoblauch abziehen und fein hacken. Das Olivenöl in einer Pfanne erhitzen und die Zwiebeln und den Knoblauch darin glasig dünsten. Die Tomaten samt Flüssigkeit mit 200 ml Wasser in einen Topf geben, aufkochen lassen und mit einem Pürierstab sämig passieren.
- Zwiebeln und Knoblauch zugeben, mit Salz, Pfeffer und Essig abschmecken und 5 Min. köcheln lassen. Mit Süßstoff abschmecken. Basilikumblätter abspülen, trocken schütteln und in Streifen schneiden. Vor dem Servieren je 1 Teelöffel Frischkäse auf die Suppe setzen und mit Basilikumstreifen garnieren.

Nährwerte pro Portion

90 kcal / 4 g E / 3 g F / 11 g KH / 4 g Ba / 0 BE
0 KE / 1 mg Chol.

Rüblisuppe mit Ingwer

Holen Sie sich ein Stück Schweiz mit Asia-Touch auf Ihren Suppenteller. Die Rüblis geben Milde und der Ingwer die nötige Schärfe.

▶ Für 2 Personen
BE/KE-frei 10 Min.
+ 15 Min. Garzeit

3 mittelgroße Karotten
1 EL Sesamöl
2 TL gekörnte Gemüsebrühe
1 kleines Stück Ingwer
1 EL Sesam
Pfeffer, frisch gemahlen
flüssiger Süßstoff nach Geschmack
100 ml fettreduzierte Sahne (z. B. »Cuisine« von Alpro)
1 EL gehackte Petersilie

- Die Karotten putzen, schälen und klein schneiden. Das Sesamöl in einem Topf erhitzen und die Karotten darin andünsten. 400 ml Wasser zugießen, zum Kochen bringen und die gekörnte Gemüsebrühe darin auflösen. 15 Min. auf mittlerer Flamme köcheln lassen.
- Die Suppe mit einem Stabmixer pürieren. Den Ingwer schälen und fein reiben. Die Sesamkörner in einer Pfanne ohne Fett goldgelb rösten und beiseite stellen. Den Ingwer in die Suppe geben und mit Pfeffer und nach Geschmack mit 1–2 Tropfen flüssigem Süßstoff abschmecken.
- Noch einmal aufkochen lassen und die Sahne einrühren. Etwas Petersilie in die nicht mehr kochende Suppe geben, den Rest nach dem Portionieren auf die Suppe streuen. Zum Schluss die Suppe mit dem gerösteten Sesam garnieren.

Tipp
Frischer Ingwer hält sich bis zu 2 Wochen im Gemüsefach. Er schmeckt würzig scharf und ist eine ideale Grundlage für Tee. Reiben Sie den Ingwer fein und übergießen Sie ihn mit kochendem Wasser – so wärmt er von innen.

Nährwerte pro Portion
215 kcal / 4 g E / 16 g F / 14 g KH / 9 g Ba / 0 BE / 0 KE / 5 mg Chol.

SO WIRD'S GEMACHT

Ingwer richtig verarbeiten

1. Zunächst ein kleines Stück von der Ingwerknolle abbrechen.
2. Den Ingwer rundherum mit einem Messer dünn schälen.
3. Die geschälte Knolle auf einer kleinen Ingwerreibe sehr fein reiben (statt zu reiben lässt sich die Knolle auch gut fein hacken).
4. Den geriebenen Ingwer samt ausgetretenem Saft weiterverarbeiten.

Kartoffelsalat

Nicht so schwer und prima vorzubereiten.

▶ Für 2 Personen

Gut vorzubereiten ⌚ **30 Min.**
+ 3 Std. Ziehzeit

300 g Kartoffeln · 1 kleiner Apfel (100 g) · 1 Gemüsezwiebel · 2 große Gewürzgurken · Salz | Pfeffer, frisch gemahlen · 1 Packung Petersilie (tiefgekühlt) · 2 EL Kräuteressig · flüssiger Süßstoff nach Geschmack · 150 ml fettreduzierte Sahne (z. B. »Cuisine« von Alpro) · etwas Petersilie

- Die Kartoffeln am Vortag in der Schale kochen und pellen. Am nächsten Tag die Kartoffeln in Scheiben schneiden. Den Apfel schälen, vom Kerngehäuse befreien und in kleine Würfel schneiden. Die Zwiebel abziehen und würfeln. Die Gurken ebenfalls würfeln.
- Aus den restlichen Zutaten eine Marinade rühren. Zwiebeln, Gurke und Apfel mit der Marinade vermischen und zuletzt die Kartoffelscheiben dazugeben und gut vermischen.
- Mindestens 2 bis 3 Stunden ziehen lassen und vor dem Servieren noch einmal abschmecken. Falls die Salatsauce zu dick ist, etwas Gurkenwasser hinzufügen. Mit Petersilie bestreut servieren.

Nährwerte pro Portion
230 kcal / 6 g E / 7 g F / 35 g KH
6 g Ba / 2,3 BE / 2,8 KE / 20 mg Chol.

Grüner Spargelsalat

Lecker und superschnell gemacht – perfekt fürs Abendbrot.

▶ Für 2 Personen

BE/KE-frei ⌚ **20 Min.**
+ 1 Std. Ziehzeit

500 g grüner Spargel · Salz | Pfeffer, frisch gemahlen · flüssiger Süßstoff nach Geschmack · 1 TL Halbfett-margarine · 2 EL Weißweinessig
1 EL Rapsöl · 20 g Parmesankäse am Stück

- Den Spargel abspülen und den unteren Strunk abschneiden. Spargelstangen in 3 gleich große Stücke schneiden. Dabei die Enden schräg abschneiden. Die Spargelköpfe beiseite legen. 500 ml Wasser zum Kochen bringen und Salz, Süßstoff und Margarine hinzufügen.
- Die Spargelstücke (ohne die Köpfe) 5–8 Min. bissfest garen und abtropfen lassen. Die Spargelköpfe mit wenig Wasser in der Mikrowelle oder in einem Topf 3 Min. blanchieren.
- Essig, Pfeffer, Salz und Süßstoff verrühren, zum Schluss das Rapsöl unterschlagen, mit den Spargelstücken mischen und etwa 1 Stunde durchziehen lassen. Vor dem Servieren den Parmesankäse über den Salat hobeln.

Nährwerte pro Portion
140 kcal / 8 g E / 10 g F / 5 g KH
5 g Ba / 0 BE / 0 KE / 10 mg Chol.

Wikingernudelsalat

Für alle, die mit großem Appetit am Tisch sitzen.

▶ Für 2 Personen

Gut vorzubereiten ⌚ **20 Min.**
+ 8 Std. Ziehzeit

120 g Spaghetti · Salz · 1 rote Paprikaschote · 1 grüne Paprikaschote
½ Dose Erbsen (150 g) · 2 Scheiben alter Gouda · Pfeffer, frisch gemahlen
Paprikapulver · flüssiger Süßstoff nach Geschmack · Balsamico-Essig
1 Packung Basilikum (tiefgekühlt)
1 EL Olivenöl

- Die Spaghetti einmal in der Mitte brechen und in Salzwasser etwa 10 Min. al dente kochen. Die Paprikaschoten putzen, abspülen und in feine Würfel schneiden. Die Erbsen in ein Sieb geben und abtropfen lassen. Den Käse in Streifen schneiden. Aus den Gewürzen, Essig und Basilikum eine Salatsauce rühren, abschmecken und zuletzt das Öl unterschlagen.
- Die gekochten Nudeln mehrfach kalt abschrecken, sodass sie schnell abkühlen. In einer großen Schüssel mit Paprika, Käse und Erbsen mischen. Die Marinade zugeben und den Salat mindestens 8 Stunden ziehen lassen. Vor dem Servieren noch einmal abschmecken.

Nährwerte pro Portion
445 kcal / 22 g E / 16 g F / 53 g KH
12 g Ba / 3,8 BE / 5 KE / 75 mg Chol.

Spargel mit Rukola und Parmesan

Die italienische Art, Spargel zu genießen!

▶ Für 2 Personen

BE/KE-frei 15 Min. + 15 Min. Garzeit

500 g weißer Spargel · Salz · flüssiger Süßstoff nach Geschmack · 1 TL Halbfettmargarine · 3 EL Balsamico-Essig · 20 g Rukola
30 g Parmesankäse am Stück · 1 EL Haselnüsse (gemahlen, 10 g)

- Den Spargel schälen und den unteren Strunk abschneiden. Etwa 500 ml Wasser mit Salz, flüssigem Süßstoff und der Margarine zum Kochen bringen. Den Spargel 15 bis 20 Min. darin garen, dann abtropfen lassen und auf eine Platte legen.
- Den Essig mit etwas Spargelwasser mischen und den Spargel damit übergießen. Rukola abspülen, trocken schütteln, klein zupfen und über den Spargel verteilen. Mit einem Parmesan- oder Gemüsehobel den Käse in hauchdünne Scheiben schneiden und über den Spargel verteilen. Mit gemahlenen Haselnüssen bestreut servieren.

Tipp

Wenn Ihnen die Rukolablätter zu lang sind, können sie mit einer Küchenschere in der Mitte durchgeschnitten werden. Oder Sie zupfen sie mit den Händen in mundgerechte Stücke.

Nährwerte pro Portion

310 kcal / 21 g E / 20 g F / 12 g KH / 8 g Ba
0 BE / 0 KE / 25 mg Chol.

Salat mit roten Linsen

Schnell gemacht, nussig und kernig.
Wer sagt denn, dass Linsen nur im Eintopf schmecken?

▶ Für 2 Personen
Gut vorzubereiten
15 Min. + 15 Min. Garzeit

100 g rote Linsen
2 TL gekörnte Gemüsebrühe
1 Zwiebel
¼ Salatgurke
1 gelbe Paprikaschote
10 Kirschtomaten
5 mittelgroße Champignons
1 EL weißer Balsamico-Essig
1 EL Sojasauce
flüssiger Süßstoff nach Geschmack
Salz | Pfeffer, frisch gemahlen
Paprikapulver
Curry
1 EL Rapsöl

- Die Linsen mit 200 ml Wasser in einen Topf geben und zum Kochen bringen. Die Gemüsebrühe im Kochwasser auflösen. 10–15 Min. auf mittlerer Flamme köcheln. Wichtig: Die Linsen sollen noch Biss haben. Die Linsen abseihen und in einer Schüssel abkühlen lassen.
- Zwiebel abziehen, Gurke schälen, die Zwiebel in feine und die Gurke in mittelgroße Würfel schneiden. Die Paprikaschote putzen, abspülen und in feine Streifen schneiden, die Tomaten abspülen und halbieren. Die Champignons mit einem feuchten Tuch abreiben und in Scheiben schneiden oder vierteln.
- Aus Essig, Sojasauce, Süßstoff und den Gewürzen eine Marinade rühren, abschmecken und zum Schluss das Öl unterschlagen. Die Linsen mit der Marinade mischen und etwa 1 Stunde ziehen lassen. Dann mit dem geschnittenen Gemüse vermengen.

Tipp

Der Linsensalat lässt sich sehr gut vorbereiten und ist ein idealer Salat fürs Büro. Rote Linsen müssen nicht lange eingeweicht oder mit Natron gekocht werden, da sie sehr schnell gar sind.

Nahrwerte pro Portion
260 kcal / 17 g E / 6 g F / 34 g KH / 12 g Ba / 1,5 BE / 2,5 KE / 0 Chol.

WISSEN

Kleine Warenkunde: rote Linsen

Linsen sind die weltweit ältesten Kulturpflanzen. Sie werden schon seit mehr als 10 000 Jahren angebaut. Ihre Heimat ist der Orient. Rote Linsen haben einen entscheidenden Vorteil gegenüber anderen Linsensorten: Im Gegensatz zu Tellerlinsen müssen sie nicht einweichen und sind sehr schnell gar. Da sie nach dem Kochen nachweichen, eignen sie sich weniger für Eintopfgerichte, dafür aber in kalter Form sehr gut für Salate. Rote Linsen liefern hochwertiges Eiweiß. 1 BE/KE entsprechen etwa 75 g gekochten Linsen. Aufgrund ihres sehr hohen Ballaststoffgehaltes wirken sie nur mäßig auf den Blutzuckerspiegel.

Salat Andreas

Mit diesem Salat wird jeder zum Salatfan.

▶ Für 2 Personen

Gelingt leicht 20 Min.

125 g Rukolasalat · 1 EL Sonnenblumenkerne · 100 g Fetakäse · 10 Kirschtomaten · 15 blaue kernlose Trauben (ca. 140 g) · 8 mittelgroße Champignons · 2 EL Balsamico-Essig Kräutersalz · Pfeffer, frisch gemahlen flüssiger Süßstoff nach Geschmack · 1 EL Walnussöl

- Rukola abspülen, verlesen und abtropfen lassen. Die Sonnenblumenkerne ohne Fett goldbraun rösten und beiseite stellen. Den Käse würfeln. Tomaten und Trauben abspülen und halbieren. Die Champignons mit einem feuchten Tuch abreiben, putzen und vierteln.
- Aus Essig und den Gewürzen eine Marinade rühren, mit dem Süßstoff abschmecken und das Walnussöl unterschlagen. Den Käse vorsichtig mit der Sauce mischen, die Trauben, Tomaten und Champignons zugeben, unterheben und zuletzt den Rukola hinzufügen. Mit den gerösteten Sonnenblumenkernen bestreuen.

Tipp

Damit die Champignons schön hell bleiben, werden sie in Zitronensaft gewendet.

Nährwerte pro Portion

285 kcal / 14 g E / 19 g F / 14 g KH
4 g Ba / 1 BE / 1 KE / 20 mg Chol.

Abendbrotsalat

Der Salat peppt den Abendbrottisch ungemein auf!

▶ Für 2 Personen

Gelingt leicht 10 Min.

100 g Geflügelfleischwurst · 2 Gewürzgurken · 2 Zwiebeln · 1 kleiner Apfel (100 g) · 2 EL Apfelessig · Salz | Pfeffer, frisch gemahlen · flüssiger Süßstoff nach Geschmack · 1 Bund Schnittlauch · 1 EL Maiskeimöl

- Die Fleischwurst in Würfel oder dünne Streifen schneiden. Die Gewürzgurken abtropfen lassen und würfeln. Zwiebeln abziehen und in feine Ringe schneiden. Den Apfel abspülen, vom Kerngehäuse befreien, vierteln und in feine Würfel schneiden.
- Aus Apfelessig, Salz, Pfeffer und Süßstoff eine Marinade rühren. Den Schnittlauch abspülen, trocken schütteln, in Röllchen schneiden und in das Dressing geben. Abschmecken und das Öl unterschlagen. Alle Zutaten mit dem Dressing mischen und den Salat gut durchziehen lassen.

Tipp

Der Salat eignet sich ideal als Abendmahlzeit zusammen mit Brot. Er kann aber auch prima in einer Dose mit zur Arbeit genommen werden.

Nährwerte pro Portion

180 kcal / 12 g E / 10 g F / 11 g KH
3 g Ba / 0,5 BE / 0,5 KE / 40 mg Chol.

Feldsalat mit Walnüssen

Der Salat schmeckt am besten im Herbst mit Freiland-Feldsalat.

▶ Für 2 Personen

Preisgünstig 12 Min.

100 g Feldsalat · 1 Zwiebel · Rotweinessig · Kräutersalz · schwarzer Pfeffer, gemahlen · 2 TL gehackte Petersilie · 1 EL Walnussöl · 4 Walnüsse (ca. 25 g)

- Den Feldsalat waschen, verlesen und trocken schleudern. Die Zwiebel abziehen und fein würfeln.
- Aus Essig, den Gewürzen und der Petersilie eine Marinade rühren und nach dem Abschmecken das Walnussöl unterschlagen. Die Zwiebeln unterrühren. Die Walnusskerne grob hacken, über den Salat streuen und mit der Marinade beträufelt servieren.

Tipp

Walnüsse bestehen zu 60 Prozent aus hochwertigem Öl – zu etwa 70 Prozent aus mehrfach und ca. 20 Prozent einfach ungesättigten Fettsäuren. Beide Fettsäuren sind für den menschlichen Körper lebenswichtig (essenziell), da er sie nicht selbst herstellen kann. Walnüsse sind sehr ballaststoffreich und zudem gute Kalium- und Kalziumlieferanten.

Nährwerte pro Portion

140 kcal / 3 g E / 13 g F / 3 g KH
2 g Ba / 0 BE / 0 KE / 0 Chol.

SO WIRD'S GEMACHT

Sushi richtig zubereiten

1. Gurken schälen, in Scheiben schneiden. Die Scheiben längs teilen. Den Lachs in feine Streifen schneiden.
2. Fein geschnittene Gurken und den in hauchdünne Streifen geschnittenen Lachs bereitlegen.
3. Eine Bambusmatte auf einer rutschfesten Unterlage (z. B. ein feuchtes Handtuch) ausrollen. Ein Noriblatt auf die Bambusmatte legen. Den gekochten und gesäuerten Sushireis mit einem Löffel ½ cm dick auf das Noriblatt streichen. Klebt der Reis zu stark am Löffel, diesen mit etwas kaltem Wasser benetzen, dann lässt er sich einfacher verteilen. Wichtig: Den oberen Rand 1 cm freilassen.
4. Auf dem Reis eine hauchdünne Schicht Wasabi gleichmäßig verteilen. Im Wechsel eine Reihe Gurke und Lachs auf den Reis legen – nicht zu dick, sonst fällt beim Rollen alles heraus und das Noriblatt reißt.
5. Die Bambusmatte von der unteren Seite beginnend vorsichtig und fest aufrollen. Achten Sie darauf, dass die Noriblätter nicht brechen und eine schöne feste Rolle entsteht.
6. Nun die Bambusmatte entfernen. Ein sehr scharfes, großes Messer mit kaltem Wasser benetzen und die Sushirolle in mundgerechte Stücke schneiden. Etwas süßsauer eingelegten Ingwer und Wasabi dazu reichen. Zum Dippen der Sushiröllchen ein Schälchen Sojasauce bereitstellen.

Sushi mit Lachs und Gurke

Mit Sushi bringen Sie einen Hauch von Japan in Ihre Küche.
Wer es einmal probiert hat, wird sehen, wie leicht die Zubereitung ist.

- Den Reis in einem Sieb unter fließendem Wasser abspülen, bis das Wasser klar bleibt, dann in einem Sieb abtropfen lassen. Knapp 100 ml Wasser zum Kochen bringen und den Reis bei schwacher Hitze 20 Min. darin ausquellen lassen. Zwischen Topf und Deckel ein Küchentuch legen, um den Wasserdampf aufzusaugen.
- Reisessig, Salz, Süßstoff und 1 Teelöffel Sojasauce in einem weiteren Topf bei starker Hitze kurz aufkochen und abkühlen lassen. Den fertig gegarten Reis in eine Schüssel geben, den Würzsud mit einem Holzlöffel vorsichtig untermischen. Die Reiskörner dabei nicht zerdrücken. Den Reis vor der Weiterverarbeitung mindestens 2 Stunden auskühlen lassen.
- Den Lachs mit einem sehr scharfen Messer in hauchdünne, etwa 1,5 cm breite und 5 cm lange Streifen schneiden. Die Gurke schälen, längs halbieren und mit einem Teelöffel das Kerngehäuse herauskratzen. Anschließend in ½ cm breite Streifen schneiden.
- Ein Noriblatt auf die Bambusmatte legen und ½ cm dick mit Sushireis bestreichen. Den oberen Rand 1 cm frei lassen. Auf dem Reis eine hauchdünne Schicht Wasabi verteilen (er ist wirklich sehr scharf). Darauf die Lachs- oder Gurkenstücke im Wechsel legen. Die Bambusmatte von der unteren Seite beginnend aufrollen. Achten Sie darauf, dass die Noriblätter nicht brechen und eine schöne feste Rolle entsteht.
- Die Bambusmatte entfernen und mit einem in kaltem Wasser getränkten, scharfen Küchenmesser die Rolle in Stücke schneiden. Etwas süß-sauer eingelegten Ingwer und Wasabi dazu reichen. Zum Dippen der Sushi ein Schälchen Sojasauce bereitstellen.

Nährwerte pro Lachs-Gurke-Sushi
30 kcal / 1 g E / 0 g F / 6 g KH / 0 g Ba / 0,5 BE / 0,8 KE / 1 mg Chol.

▶ **Für 20 Sushi**
Braucht etwas mehr Zeit
1 Std. + 2 Std. Kühlzeit

80 g Sushireis
1½ TL Su (Reisessig)
½ TL Salz
flüssiger Süßstoff nach Geschmack
Sojasauce
50 g frisches Lachsfilet oder hauchdünner Räucherlachs
¼ Salatgurke
2–3 Noriblätter (Algenblätter)
1 TL Wasabi (grüne Rettichpaste)
1 Bambusmatte zum Aufrollen der Sushi
50 g eingelegter Ingwer

Ingwerdressing für asiatische Salate

Leicht scharf schmeckt diese Sauce zu Pilzen, Sojasprossen, Mie- und Glasnudeln.

▶ Für 2 Personen

BE/KE-frei ⏲ **8 Min.**

1 kleines Stück frischer Ingwer · 1 Knoblauchzehe · ½ kleine rote frische Chilischote
4 EL Sojasauce · 2 EL asiatische Fischsauce
frisch gemahlener Pfeffer · 1 Spritzer flüssiger Süßstoff · 1 EL Sesamöl

- Den Ingwer schälen und ganz fein hacken oder fein reiben. Knoblauch abziehen und ebenfalls sehr fein hacken. Die Chilischote halbieren und die Kerne herauskratzen. Die Hälfte der Schote in ganz feine Streifen schneiden.
- Ingwer, Knoblauch und Chilischote mit Sojasauce und Fischsauce mischen. Mit Pfeffer und flüssigem Süßstoff abschmecken. Falls Ihnen der Saucengeschmack zu intensiv ist, geben Sie 1 bis 2 Esslöffel Wasser dazu. Zum Schluss das Sesamöl unterschlagen.

Nährwerte pro Portion

45 kcal / 0 g E / 5 g F / 0 g KH / 0 g Ba / 0 BE
0 KE / 0 mg Chol.

Joghurtdressing

Lecker zu Blattsalaten wie Chicorée, Endivie und Kopfsalat.

▶ Für 2 Personen

Gelingt leicht ⏱ 5 Min.

150 g fettarmer Naturjoghurt
2 EL Orangensaft (100 % Frucht)
1 EL Himbeeressig · Salz | Pfeffer, frisch gemahlen · 1 Spritzer flüssiger Süßstoff · 1 EL Walnussöl

- Den Joghurt mit einem Schneebesen glatt rühren. Orangensaft und Essig zugeben und unterrühren. Mit Salz, Pfeffer und etwas flüssigem Süßstoff nach Geschmack würzen. Zum Schluss das Öl unter die Sauce rühren.

▶ Variante

Auch sehr gut mit frischem Dill oder mit Petersilie.

Nährwerte pro Portion

82 kcal / 3 g E / 6 g F / 4 g KH / 0 g Ba
0,3 BE / 0,4 KE / 4 mg Chol.

Gemüsedressing für Kartoffelsalat

Perfekt auch für Wurst- oder Fleischsalat.

▶ Für 2 Personen

Gut vorzubereiten ⏱ 12 Min.
+ 3 Min. Garzeit

½ Suppengrün · 200 ml heißes Wasser · 1 – 2 EL gekörnte Gemüsebrühe
1 kleine Zwiebel · 1 Bund Schnittlauch · frisch gemahlener Pfeffer
2 EL heller Balsamico-Essig · 2 EL Kürbiskernöl

- Das Suppengrün putzen, waschen und in feine Würfel, Lauch in feine Streifen schneiden. Wasser mit der Gemüsebrühe aufkochen, Gemüsewürfel darin 3 Min. kochen, dann den Lauch zugeben und kurz mitdünsten. Den Fond abkühlen lassen.
- Zwiebel abziehen, kalt abwaschen und fein würfeln. Den Schnittlauch waschen und in Röllchen schneiden. Den abgekühlten Fond mit den Gewürzen abschmecken, Schnittlauch und Zwiebelwürfel zugeben. Zum Schluss das Kürbiskernöl unterschlagen.

Nährwerte pro Portion

122 kcal / 2 g E / 10 g F / 6 g KH
3 g Ba / 0 BE / 0 KE / 0 mg Chol.

Wake-up-Drink

Gut gekühlt ist der Wake-up-Drink ideal vor sportlichen Aktivitäten.

▶ Für 1 Person

Geht schnell ⏱ 5 Min.

1 kleine Banane (100 g)
150 ml Karottensaft (naturrein)
100 ml Orangensaft (100 % Frucht)
4 EL Zitronensaft · 2 EL schnell lösliche Instantflocken (ca. 20 g) · flüssiger Süßstoff nach Geschmack

- Die Banane schälen, mit einer Gabel zerdrücken und zusammen mit dem Karotten-, Orangen- und Zitronensaft pürieren. Die Flocken einrühren und mit dem flüssigem Süßstoff abschmecken.

Tipp

Karottensaft ist nicht gleich Karottensaft! Häufig ist ihm Honig zugesetzt – und der in großer Menge. Wenn Sie also ein Glas Karottensaft mit Honig trinken, kann Ihr Blutzucker in die Höhe schießen. Bevorzugen Sie deshalb Karottensaft mit dem Zusatz »naturrein« oder »ohne Zusätze«.

Nährwerte pro Portion

245 kcal / 6 g E / 2 g F / 51 g KH
4 g Ba / 3,5 BE / 4 KE / 0 mg Chol.

Mangoflip

Erfrischend und alkoholfrei für heiße Sommernächte.

▶ Für 2 Personen

Geht schnell ⏱ **5 Min.**

50 ml Bananensaft (100 % Frucht)
100 ml Orangensaft (100 % Frucht)
150 ml Mangosaft (100 % Frucht)
1 Spritzer Limettensaft · 200 ml Mineralwasser · 4 Eiswürfel · 2 Limettenscheiben · 2 Strohhalme

- Den Bananensaft zuerst ins Glas füllen, dann Orangen- und zum Schluss den Mangosaft. Mit einem Spritzer Limettensaft abrunden. Mit Mineralwasser aufgießen und jeweils 2 Eiswürfel ins Glas geben.
- Eine Limette in dünne Scheiben schneiden, in der Mitte einschneiden und am Glasrand befestigen. Einen Strohhalm ins Glas geben und genießen.

Nährwerte pro Portion

85 kcal / 1 g E / 0 g F / 20 g KH
1 g Ba / 1,5 BE / 1,7 KE / 0 mg Chol.

Pikantes Joghurtlassi

Ob pikant oder süß – eine leckerleichte Zwischenmahlzeit.

▶ Für 2 Personen

Gelingt leicht ⏱ **5 Min.**

150 g fettarmer Naturjoghurt, 1,5 % Fett · 250 ml Mineralwasser (medium) · 1 Pr. Jodsalz · 1 Msp. Kreuzkümmel · 2 Tropfen grüner Tabasco
4 Eiswürfel

- Joghurt in einem hohen Gefäß mit einem Schneebesen glatt rühren. Mineralwasser langsam dazugießen. Nachdem es aufgehört hat zu schäumen, mit Salz, Kreuzkümmel und Tabasco abschmecken. In 2 Gläser gießen und mit Eiswürfeln auffüllen.

Nährwerte pro Portion

33 kcal / 3 g E / 1 g F / 3 g KH / 0 g Ba
0,2 BE / 0,3 KE / 4 mg Chol.

Mediterrane Kichererbsencreme

Im Orient heißt die Creme Hummus, prima zu frischem Fladenbrot.

▶ Für 4 Personen

Gut vorzubereiten ⏱ **1 Std. 40 Min. + 12 – 14 Std. Einweichzeit**

100 g Kichererbsen (getrocknet)
½ TL Natron · 2 Knoblauchzehen
4 EL Olivenöl · 4 EL Zitronensaft
Salz | Pfeffer, frisch gemahlen

- Die Kichererbsen mindestens 12 Stunden in reichlich Wasser einweichen. Samt Einweichwasser in einen Topf geben und mit dem Natron bei schwacher Hitze etwa 1 ½ Stunden weich kochen.
- Knoblauch abziehen und fein hacken oder zerdrücken. Die Kirchererbsen abtropfen lassen und zusammen mit dem Knoblauch, Olivenöl und Zitronensaft zu einer cremigen Masse rühren. Die Kichererbsencreme abkühlen lassen und zum Schluss mit Salz und Pfeffer abschmecken.

Nährwerte pro Portion

175 kcal / 6 g E / 11 g F / 13 g KH
7 g Ba / 1 BE / 1,5 KE / 0 mg Chol.

SO WIRD'S GEMACHT

Kirchererbsen kochen

Um den Kochvorgang auf natürliche Art zu beschleunigen, geben Sie einen ½ Teelöffel Natron in das Kochwasser. Die Hülsenfrüchte werden dadurch zwar etwas dunkler, sind dafür aber auch schneller gar.

Tomatendip

Der Tomatendip ist ein leckerfruchtiger Dipp zu Grillfleisch, Grillgemüse und Fladenbrot.

▶ Für 2 Personen

Gelingt leicht ⏲ 10 Min.

200 g fettarmer Joghurt (1,5 % Fett)
50 g Schmand · 1 Knoblauchzehe
4 getrocknete Tomaten · 3 Salbeiblätter · Tomaten-Mozzarella-Würzsalz · Pfeffer, frisch gemahlen
flüssiger Süßstoff nach Geschmack
2 Kirschtomaten

- Den Joghurt zusammen mit dem Schmand glatt rühren. Knoblauch abziehen und fein hacken oder zerdrücken. Die getrockneten Tomaten in dünne Streifen schneiden und in den Joghurt mischen.
- Den Salbei abspülen und die Blättchen in Streifen schneiden und zum Joghurt geben. Mit Salz, Pfeffer und wenig Süßstoff abschmecken. Die Kirschtomaten abspülen, halbieren und den Tomatendip mit ihnen garnieren.

▶ Das passt dazu

Der Dip lässt sich sehr gut einen Tag im Voraus zubereiten und schmeckt auch zu knackigem Gemüse.

Nährwerte pro Portion

90 kcal / 5 g E / 5 g F / 6 g KH / 0 g Ba
0,5 BE / 0,5 KE / 20 mg Chol.

Roquefortdip

Lecker zu Knabberstangen, Chicorée oder Radicchio. Aber auch auf einem frischen Brot ist der würzige Dip ein Gedicht.

▶ Für 2 Personen

BE/KE-frei ⏲ 8 Min.

50 g Roquefortkäse · 50 g Magerquark · 1 – 2 EL Mineralwasser · Salz | Pfeffer, frisch gemahlen · 1 TL Walnussöl · 1 EL gehackte Mandeln

- Roquefortkäse in einer Schüssel zerkrümeln. Magerquark zugeben und mit dem Mineralwasser glatt rühren. Dann mit Salz und Pfeffer abschmecken. Zum Schluss das Öl und die gehackten Mandeln unterziehen.

Nährwerte pro Portion

160 kcal / 10 g E / 13 g F / 1 g KH
1 g Ba / 0 BE / 0 KE / 20 mg Chol.

Pinienkernpesto

Lecker zur Pasta, auf Tomaten oder frischem Ciabatta. Fest verschlossen hält es im Kühlschrank 2 Wochen wunderbar frisch.

▶ Für 2 Personen

BE/KE-frei ⏲ 15 Min.

½ Topf Basilikum (1 Bund) · 4 Bund glatte Petersilie · 6 Knoblauchzehen
100 g Pinienkerne · 1 EL weiche Butter · 200 ml Walnussöl · 100 g geriebener Parmesankäse · Salz | Pfeffer, frisch gemahlen · 2 Twist-off-Gläser

- Basilikumblätter und Petersilie waschen, trocken tupfen und zupfen. Die Kräuter fein hacken. Knoblauchzehen abziehen und grob hacken. Mit den Kräutern in eine Schüssel geben. Pinienkerne fein hacken, weiche Butter und Walnussöl zugeben und alles gründlich durchmischen.
- Den geriebenen Parmesankäse untermischen. Mit Salz und Pfeffer abschmecken. In die Gläser füllen und fest verschließen. Das Pesto hält sich ungeöffnet zwei Wochen, geöffnet bleibt es – nach Gebrauch – fest verschlossen im Kühlschrank 5 Tage frisch.

Nährwerte pro Esslöffel (10 g)

67 kcal / 1 g E / 7 g F / 0 g KH / 0 g Ba
0 BE / 0 KE / 3 mg Chol.

Minifrikadellen mit Paprika-Käse-Füllung

Die kleinen Fleischbällchen sind lecker und auch noch BE/KE-anrechnungsfrei.

▶ Für 2 Personen

BE/KE-frei **10 Min. + 10 Min. Garzeit**

2 Knoblauchzehen · 1 Zwiebel · 1 kleine rote Paprikaschote · 300 g Rindergehacktes
2 Eier · 2–3 EL Magerquark · 50 g geriebener fettarmer Käse (max. 30 % F. i.Tr.) · Salz | Pfeffer, frisch gemahlen · Paprikapulver
2 EL Rapsöl

- Die Knoblauchzehen abziehen, fein hacken oder zerdrücken. Die Zwiebel abziehen, kalt abwaschen und ganz fein würfeln. Die Paprikaschote putzen, waschen und in feine Würfel schneiden.
- Hackfleisch mit Gemüse, Eiern, Quark und geriebenem Käse in eine Schüssel geben. Zu einem gleichmäßigen Fleischteig kneten. Mit Salz, Pfeffer und Paprikapulver würzen und abschmecken.
- Aus dem Teig 10 Minifrikadellen formen. Das Öl in einer beschichteten Pfanne erhitzen und die Minifrikadellen darin von allen Seiten in 8–10 Min. gar braten.

Nährwerte pro Frikadelle

112 kcal / 9 g E / 8 g F / 1 g KH / 1 g Ba
0 BE / 0 KE / 65 mg Chol.

Pumpernickeltaler

Die Pumpernickeltaler sind ideal, wenn Sie Gäste erwarten.

▶ Für 2 Personen

Preisgünstig ⏲ **20 Min.**

½ rote Paprikaschote · 1 Knoblauchzehe · 75 g Magerquark · 75 g körniger Frischkäse · ½ Packung gemischte Kräuter (tiefgekühlt) · Pfeffer, frisch gemahlen · Paprikapulver (edelsüß) Paprika-Jodsalz · 1 Prise Chili, gemahlen · flüssiger Süßstoff nach Geschmack · 1 TL Rapsöl · 8 Pumpernickeltaler (50 g)

- Die Paprika putzen, abspülen und in feine Würfel schneiden. Die Knoblauchzehe abziehen, fein hacken oder zerdrücken. In einer Schüssel Quark, körnigen Frischkäse, Kräuter und Gewürze zu einer glatten Creme rühren. 1 Teelöffel Kräuter beiseite stellen.
- Die Creme mit Süßstoff abschmecken und Öl, Knoblauch und Paprikawürfel unterrühren. Die Pumpernickeltaler mit der Creme bestreichen und auf einer Platte anrichten. Mit Paprikapulver und den restlichen Kräutern bestreut servieren.

Tipp

Die Taler eignen sich super als leckere Vorspeise zum Ostermenü.

Nährwerte pro Portion

145 kcal / 12 g E / 5 g F / 13 g KH
4 g Ba / 0,8 BE / 1 KE / 5 mg Chol.

Kartoffel-Käse-Plätzchen

Als Beilage, mit Apfelmus oder Salat: vielseitig zu kombinieren.

▶ Für 2 Personen

Preisgünstig ⏲ **30 Min. + 2 Std. Kühlzeit**

300 g Kartoffeln (mehlig kochend) Salz · 25 g fettarmer Camembert 2 Eigelb · Rosmarin · Kartoffel-Jodsalz 2 EL Paniermehl (30 g) · 2 EL Maiskeimöl

- Die Kartoffeln schälen, abspülen, klein schneiden und in Salzwasser etwa 20 Min. gar kochen. Die gekochten Kartoffeln stampfen. Den Camembert mit einer Gabel zerdrücken und mit dem Camembert, Eigelb und Rosmarin zu einem glatten Teig kneten. Den Kartoffelteig mit dem Gewürzsalz abschmecken und 2 Stunden kalt stellen.
- Den kalten Teig zu einer Rolle formen und in fingerdicke Stücke schneiden. Die Plätzchen in Paniermehl wenden. Das Öl in einer Pfanne erhitzen und die Plätzchen von allen Seiten (3 Min. je Seite) goldbraun braten.

Tipp

Die Kartoffel-Käse-Plätzchen passen sehr gut als warmes Topping zu einem großen Salatteller.

Nährwerte pro Portion

340 kcal / 11 g E / 18 g F / 33 g KH
4 g Ba / 2,8 BE / 3,3 KE / 255 mg Chol.

Feigen mit Nussfüllung

Diese Feigen sind ein leckeres Dessert für die Stehparty.

▶ Für 2 Personen

Gelingt leicht ⏲ **10 Min.**

1 EL ungesalzene Cashewkerne 1 EL ungesalzene Pistazien · 4 frische Feigen (ca. 350 g) · 2 EL Frischkäse, max. 17 % Fett · 2 EL saure Sahne, max. 10 % Fett · etwas flüssiger Süßstoff · 1 Msp. Zimtpulver ½ TL Limettensaft

- Die Pistazien und Cashewkerne fein hacken. Feigen waschen und halbieren. Etwas Fruchtfleisch mit einem Löffel aus den Früchten kratzen und klein schneiden.
- Die Hälfte der Nüsse mit dem Feigenfruchtfleisch, Frischkäse, saurer Sahne, flüssigem Süßstoff, Zimtpulver und Limettensaft glatt rühren. Die Frischkäsecreme in die Mitte der Feigenhälften füllen. Mit den restlichen gehackten Nüssen garniert servieren.

Nährwerte pro Portion

192 kcal / 5 g E / 8 g F / 25 g KH
4 g Ba / 1,8 BE / 2,1 KE / 10 mg Chol.

Marinierte Paprikaschoten

Mögen Sie Gemüse mit Geschmack? Dann nichts wie los: Paprika lässt sich herrlich marinieren.

▶ Für 6 Personen

BE/KE-frei **30 Min. + mehrere Tage Ziehzeit**

2 rote Paprikaschoten · 2 gelbe Paprikaschoten · 2 grüne Paprikaschoten · 6 Knoblauchzehen · ½ Chilischote · 2 Rosmarinzweige · 250 ml weißer Balsamico-Essig · 250 ml dunkler Balsamico-Essig · 6 EL Olivenöl · 2 EL grüne Pfefferkörner
1 EL grobes Meersalz · 2 Gläser mit Twist-off-Deckel

- Die Paprikaschoten putzen, abspülen und in Stücke schneiden. Die Knoblauchzehen abziehen und in dünne Scheiben schneiden. Die Chilischote längs halbieren, die Kerne herauskratzen und die halbe Schote in dünne Stückchen schneiden. Die Rosmarinzweige abspülen und trocken schütteln.
- Essig und Öl in einen Topf gießen, die Gewürze, Rosmarin und Pfefferkörner zugeben und kurz aufkochen lassen. Jetzt die Paprikaschoten in die warme Marinade geben und etwa 15 Min. ziehen lassen. Mit dem Sud in die Gläser füllen und einige Tage im Kühlschrank ruhen lassen.

▶ Das passt dazu

Die marinierten Paprikaschoten schmecken besonders lecker zu Grillfleisch oder als Zutat in Zigeunersauce. Aber auch einfach zwischendurch, wenn Sie die Lust auf Pikantes überfällt.

Nährwerte pro Portion

120 kcal / 2 g E / 10 g F / 5 g KH / 6 g Ba / 0 BE / 0 KE / 0 g Chol.

Marinierte Kirschtomaten

Schnell gemacht und unvergleichlich lecker. Holen Sie sich ein Stück Italien nach Hause – das geht auch im Winter.

▶ Für 2 Personen

BE/KE-frei **10 Min. + 2 Std. Ziehzeit**

500 g Kirschtomaten · 1 EL Olivenöl · 200 – 300 ml Balsamico-Essig · Kräuter-Jodsalz · Pfeffer, frisch gemahlen · flüssiger Süßstoff nach Geschmack

- Die Kirschtomaten abspülen. Das Olivenöl in einer Pfanne erhitzen und die Tomaten in die Pfanne geben. Im heißen Öl maximal 5 Min. anschwitzen. Herausnehmen, wenn sich die Schale der Tomaten an einer Seite langsam öffnet.
- In einer Schüssel den Essig mit den Gewürzen mischen und abschmecken. Die Tomaten in den Sud geben, sodass sie mit dem Essig bedeckt sind. Mindestens 2 Stunden ziehen lassen.

▶ Das passt dazu

Die marinierten Kirschtomaten können Sie sehr gut anstelle eines Salates oder einer frischen Tomate zum Brot genießen.

Tipp

Etwa 3 mittelgroße Tomaten decken den täglichen Vitamin-C-Bedarf eines Erwachsenen. Sie sind reich an Magnesium, Kalium, Beta-Karotin und Folsäure. Und in Tomaten – besonders in gekochtem Zustand – ist der sekundäre Pflanzenstoff Lykopin enthalten, der als Krebsschutzstoff bezeichnet wird.

Nährwerte pro Portion

60 kcal / 1 g E / 5 g F / 3 g KH / 1 g Ba / 0 BE / 0 KE / 0 g Chol.

▶ Marinierte Kirschtomaten.

Waldpilzrisotto

Im Herbst mit frischen Waldpilzen zubereitet einfach ein Gedicht!

▶ Für 2 Personen

Gelingt leicht **15 Min. + 20 Min. Garzeit**

1 Schalotte · 200 ml Wasser · 1 – 2 TL gekörnte Fleisch- oder Gemüsebrühe · 1 EL Olivenöl · 100 g Risottoreis (z. B. Arborio) 300 g gemischte Pilze (Steinpilze, Pfifferlinge und Kräutersaitlinge) · 2 EL geriebener Parmesankäse · Rukolablätter zur Garnitur

- Die Schalotte abziehen, waschen und sehr fein würfeln. Das Wasser mit der gekörnten Brühe mischen und das Olivenöl erhitzen. Schalottenwürfel darin anrösten und den Risottoreis zugeben. Wenn die Schalotten beginnen braun zu werden, die Gemüsebrühe angießen. Die Temperatur verringern und den Reis 15 – 20 Min. ausquellen lassen.
- Die Pilze verlesen, putzen und waschen. 5. Min. vor Ende der Garzeit in den Reis rühren (Garprobe: Der Reis muss am Holzlöffel kleben bleiben). Zum Schluss mit geriebenem Parmesankäse mischen und portionieren. Rukolablätter waschen, trocken tupfen und locker auf dem Risotto verteilen.

Nährwerte pro Portion

293 kcal / 11 g E / 9 g F / 42 g KH / 4 g Ba / 2,5 BE / 3,3 KE
8 mg Chol.

HAUPTGERICHTE

Risotto Milanese

Wenn Sie das Risotto einmal gekocht haben, wird es Sie sicher immer wieder begeistern.

▶ Für 2 Personen

Braucht etwas mehr Zeit ⏱ **15 Min. + 20 Min. Garzeit**

2 Schalotten · 2 Knoblauchzehen · 1 – 2 TL gekörnte Fleischbrühe · 2 EL Butter · 100 g Risottoreis (z. B. Arborio) · 2 EL geriebener Parmesankäse

- Die Schalotten abziehen und sehr fein würfeln. Den Knoblauch abziehen, fein hacken oder zerdrücken. 200 ml Wasser mit der Brühe mischen. Die Hälfte der Butter in einem Topf schmelzen. Schalotten und Knoblauch anrösten und den Risottoreis zugeben.
- Wenn die Schalotten beginnen, braun zu werden, mit der Gemüsebrühe ablöschen. Die Temperatur herunterschalten und den Reis 15 bis 20 Min. ausquellen lassen. Wenn der Reis am Holzlöffel kleben bleibt, ist er gar. Vor dem Servieren mit der restlichen Butter und dem geriebenen Parmesankäse mischen.

▶ Das passt dazu

Salat und kurz gebratenes Fleisch oder Fischgerichte.

Nährwerte pro Portion

335 kcal / 9 g E / 14 g F / 43 g KH / 2 g Ba / 2,5 BE / 3,3 KE
35 mg Chol.

Spaghetti mit getrockneten Tomaten und Mandeln

Vielleicht gehört es auch bald zu Ihren Lieblingsgerichten, meins ist es schon.

▶ Für 2 Personen

Geht schnell ⏱ **10 Min. + 10 Min. Garzeit**

200 g Spaghetti · Salz | Pfeffer, frisch gemahlen · 6 getrocknete Tomaten (ohne Öl) · 1 EL Mandelblätter · 2 EL Olivenöl
2 Knoblauchzehen · Tomaten-Jodsalz · 20 g Parmesankäse, am Stück · frisches Basilikum

- Die Spaghetti in Salzwasser al dente kochen. Die getrockneten Tomaten in feine Streifen schneiden und etwa 10 Min. in kaltes Wasser legen. Die Mandeln in einer Pfanne ohne Öl goldgelb rösten und beiseite stellen. Das Olivenöl in der Pfanne erhitzen.
- Den Knoblauch abziehen, hacken oder direkt in das Olivenöl zerdrücken. Die getrockneten Tomaten abtropfen und in die Pfanne geben. Mit wenig Tomaten-Jodsalz und Pfeffer abschmecken. Zum Schluss die Mandelblättchen mit dem Tomatenöl untermischen.
- Die fertig gekochten Spaghetti abtropfen und auf 2 Pastateller verteilen. Die Tomaten-Mandel-Sauce darüberträufeln. Den Parmesankäse hobeln, über Spaghetti und Sauce verteilen und mit frischen Basilikumblättchen garniert servieren.

▶ Das passt dazu

Ein großer gemischter Salatteller.

Nährwerte pro Portion

520 kcal / 17 g E / 19 g F / 70 g KH / 3 g Ba / 5 BE / 6,5 KE
100 mg Chol.

Fischlasagne

Wer denkt, dass Nudeln und Fisch nicht zueinander passen, sollte einmal das köstliche Rezept probieren. Wetten, dass Sie auf den Geschmack kommen?

▶ Für 6 Personen
Gelingt leicht ⏲ 30 Min. + 45 Min. Garzeit

- 800 g Kabeljaufilet (tiefgekühlt)
- 1½ Packungen gemischte Kräuter (tiefgekühlt)
- 2 EL Zitronensaft
- Kräuter-Jodsalz
- schwarzer Pfeffer, frisch gemahlen
- 6 Zwiebeln
- 6 Knoblauchzehen
- 2 EL Olivenöl (20 g)
- 1 große Dose Tomaten (800 g)
- Tomaten-Jodsalz
- etwas flüssiger Süßstoff nach Geschmack
- 750 ml fettarme Milch
- 1 Prise Muskatnuss
- 3 EL Weizenmehl (30 g)
- 15 Lasagneblätter (300 g)
- 400 g Krabben (verzehrfertig)
- 100 g Parmesankäse

- Den Backofen auf 180 Grad (Gas Stufe 2 bis 3, Umluft 160 Grad) vorheizen. Den Kabeljau antauen, in Würfel schneiden und zusammen mit den Kräutern in eine Schüssel geben. Mit Zitronensaft beträufeln und mit wenig Kräuter-Jodsalz und Pfeffer würzen.
- Die Zwiebeln abziehen und in Ringe schneiden. Die Knoblauchzehen abziehen und fein hacken. Knoblauch und Zwiebeln im Olivenöl glasig dünsten. Die Dosentomaten zugeben und etwa 5 Min. köcheln lassen. Anschließend die Tomaten mit einer Gabel zerdrücken und die Sauce mit Tomaten-Jodsalz, Pfeffer und Süßstoff abschmecken.
- Die Milch zum Kochen bringen und mit Muskat und Kräuter-Jodsalz würzen. Das Mehl mit etwas Wasser glatt rühren, in die kochende Milch geben und noch einmal aufkochen lassen. Vom Herd nehmen.
- Helle Sauce in eine Auflaufform gießen, bis der Boden bedeckt ist. Eine Schicht Lasagneblätter, eine Schicht Tomatensauce und darauf Krabben und Kabeljauwürfel verteilen. In dieser Reihenfolge fortfahren, dabei jede Schicht mit Pfeffer und etwas Salz würzen. Die oberste Lage mit der restlichen hellen Sauce übergießen und zuletzt den Parmesankäse über den Auflauf streuen. Auf mittlerer Schiene im Backofen etwa 45 Min. backen.

▶ Variante

Prima schmeckt auch in Scheiben geschnittener Räucherlachs, der im Wechsel mit heller Sauce, gehacktem und gewürztem Tiefkühlspinat und den Nudeln in der Form geschichtet wird.

Nährwerte pro Portion

570 kcal / 53 g E / 16 g F / 54 g KH / 5 g Ba / 3,5 BE / 4,5 KE / 170 mg Chol.

Vegetarische Lasagne

Ganz ohne Fleisch kommt die fruchtig-leckere Lasagne aus. Und das merkt kaum einer, denn sie ist so vielseitig, dass es gar nicht fehlt.

▶ Für 2 Personen

Braucht etwas mehr Zeit

30 Min. + 50 Min. Garzeit

- 2 Karotten
- 1 Stange Lauch
- 1 gelbe Paprikaschote
- 1 kleines Glas Champignons in Scheiben
- 1 Knoblauchzehe
- 1 TL Olivenöl
- Salz | Pfeffer, frisch gemahlen
- 1 kleine Dose Tomatenstücke (400 g)
- 1 TL Margarine
- 2 EL Weizenmehl (20 g)
- 300 ml fettarme Milch
- 1 Prise Muskatnuss
- 4 weiße Lasagneblätter (80 g)
- 4 grüne Lasagneblätter (80 g)
- 2 EL fettreduzierter Reibkäse

- Den Backofen auf 180 Grad (Gas Stufe 2 bis 3, Umluft 160 Grad) vorheizen. Die Karotten schälen und fein würfeln. Den Lauch längs halbieren, gründlich abspülen und in feine Ringe schneiden. Die Paprikaschote putzen, abspülen und in feine, kurze Streifen schneiden.
- Die Champignonscheiben abtropfen lassen. Die Knoblauchzehe abziehen und fein hacken oder zerdrücken. Das Öl in einer Pfanne erhitzen und den Knoblauch kurz anbraten. Dann Karotten, Lauch und Paprika zugeben. Mit Salz und Pfeffer abschmecken und 15 Min. garen. Die Tomaten zugeben und die Gemüsemasse noch einmal abschmecken.
- In einem Topf die Margarine schmelzen, das Mehl hinzufügen und anschwitzen. Schluckweise die Milch in den Topf unterrühren und bei schwacher Hitze 5 Min. köcheln lassen, bis die Béchamelsauce angedickt ist. Mit wenig Salz und Muskat abschmecken.
- Den Boden dieser Auflaufform mit der Béchamelsauce dünn bedecken, dann jeweils ein weißes und grünes Lasagneblatt nebeneinander auf die Sauce legen. Wenig von der Gemüsesauce darauf verteilen. Weiter in dieser Reihenfolge fortfahren. Mit einer Schicht Béchamelsauce abschließen und diese mit dem geriebenen Käse bestreuen. Die Lasagne auf der mittleren Schiene 40 bis 50 Min. goldbraun backen.

Nährwerte pro Portion

550 kcal / 29 g E / 10 g F / 86 g KH / 17 g Ba / 5 BE / 8 KE / 10 mg Chol.

Spaghetti Bolognese

Ob Oma, Schwester oder Enkel, bei Spaghetti Bolognese wird fast jeder schwach.

▶ Für 2 Personen

Preisgünstig 10 Min. + 30 Min. Garzeit

2 Knoblauchzehen · 2 Zwiebeln · 200 g Rinderhackfleisch
1 kleine Dose Tomaten (400 g) · 3 EL Tomatenmark
200 g Spaghetti · flüssiger Süßstoff nach Geschmack
Salz | Pfeffer, frisch gemahlen · Paprikapulver · Oregano (getrocknet) · Basilikum (getrocknet)

- Knoblauchzehen und Zwiebeln abziehen und fein schneiden. Das Hackfleisch ohne Fett scharf anbraten. Zwiebeln und den Knoblauch zugeben, kurz mitschmoren und mit den Tomaten aufgießen.
- Die Tomaten zerdrücken und eine halbe Tasse Wasser zugießen. Die Sauce einmal aufkochen und dann das Tomatenmark einrühren. Die Sauce 20 Min. auf kleiner Flamme köcheln lassen.
- Die Nudeln in reichlich Salzwasser al dente kochen. Die Sauce mit Süßstoff, Salz, Pfeffer, Paprikapulver und mit den Kräutern abschmecken.

Tipp

Empfehlenswert ist Rinderhackfleisch mit etwa 15 Prozent Fett oder am besten Tartar mit 6 Prozent Fett, der leider etwas teuer ist. Neuerdings bieten viele Supermärkte mit gut sortierter Geflügelabteilung auch Hackfleisch aus fettarmem Geflügelfleisch an.

Nährwerte pro Portion

615 kcal / 36 g E / 17 g F / 79 g KH / 8 g Ba / 5 BE / 6,5 KE
150 mg Chol.

Penne al forno

Haben Sie noch Nudelreste im Kühlschrank? Dann ist der Auflauf mit Hackfleisch ideal zur Resteverwertung.

▶ Für 2 Personen

Gut vorzubereiten 20 Min. + 20 Min. Garzeit

150 g Penne (kurze, schmale Röhrennudeln) · Salz | Pfeffer, frisch gemahlen · 2 Zwiebeln · 1 mittelgroße Zucchini
1 gelbe Paprikaschote · 250 g Rinderhackfleisch · 1 – 2 TL gekörnte Fleischbrühe · 2 EL Tomatenmark · Paprikapulver
Knoblauchgranulat · etwas flüssiger Süßstoff · 1 EL Olivenöl
2 EL geriebener Parmesankäse

- Die Nudeln in Salzwasser al dente kochen. Den Backofen auf 200 Grad (Gas Stufe 3, Umluft 180 Grad) vorheizen. Zwiebeln abziehen und fein würfeln. Zucchini und Paprikaschote putzen, abspülen. Zucchini in mitteldicke Scheiben und Paprikaschote in feine Streifen schneiden.
- Das Hackfleisch ohne Fett kurz anbraten. Die Zwiebelwürfel zugeben, 100 ml Wasser hinzugießen, sodass das Fleisch gut 5 cm bedeckt ist. Die Fleischbrühe und das Tomatenmark einrühren.
- 10 Min. auf mittlerer Flamme köcheln lassen. Mit Pfeffer, Paprikapulver, Knoblauch und evtl. 1 Spritzer Süßstoff abschmecken. Die Fleischmasse herausnehmen. Zucchini und Paprika im Olivenöl andünsten. Mit Knoblauch, Pfeffer und Paprikapulver abschmecken.
- Die Nudeln mit der Hack- und Gemüsemasse im Wechsel in die Auflaufform schichten. Als letzte Schicht den geriebenen Parmesankäse darüberstreuen und für etwa 20 Min. auf der 2. Schiene von oben überbacken.

Nährwerte pro Portion

675 kcal / 41 g E / 29 g F / 62 g KH / 9 g Ba / 3,7 BE / 5 KE
150 mg Chol.

Spaghettini mit Tomatensugo

Die gemüsehaltige Tomatensauce ist sehr aromatisch – je länger sie kocht, desto besser.

- Die Nudeln in Salzwasser al dente garen. Die Karotten und Staudensellerie putzen und waschen. Das Gemüse längs in Streifen schneiden und dann sehr fein würfeln. Schalotte und Knoblauchzehe abziehen. Beides fein hacken.
- Das Öl in einem gusseisernen Topf erhitzen und die Karotten, die Sellerie und die Schalotten darin bei mittlerer Hitze anrösten – mindestens 15 Min. lang. Dann Knoblauch zugeben und die Pizzatomatenstücke. Salzen und pfeffern. Weitere 5 Min. köcheln.
- Abgetropfte Spaghettini in 2 Pastateller füllen, mit der Sauce übergießen. Dann Parmesankäse darüber streuen, etwas frisch gemahlenen Pfeffer und je 2 Basilikumblätter als Garnitur.

Nährwerte pro Portion
300 kcal / 10 g E / 9 g F / 45 g KH / 9 g Ba / 2,5 BE / 3,3 KE / 50 mg Chol.

▶ Für 2 Personen
Braucht etwas mehr Zeit
15 Min. + 30 Min. Garzeit

Salz | Pfeffer, frisch gemahlen
100 g Spaghettini
200 g Karotten
150 g Staudensellerie
1 Schalotte
1 Knoblauchzehe
1 EL Olivenöl
½ Dose Pizzatomatenstücke
1 EL geriebener Parmesankäse
4 Basilikumblätter

SO WIRD'S GEMACHT

Soffritto zubereiten

1. Für das Soffritto die Karotten schälen, die Staudensellerie waschen und entfädeln.
2. Die Karotten und die Sellerie zuerst der Länge nach in feine, etwa 2–3 mm dicke Streifen schneiden.
3. Die Gemüsestreifen in Bündeln eng zusammenlegen und dann mit einem scharfen Wiegemesser in feine Würfelchen schneiden.
4. Im heißen Olivenöl in einem gusseisernen Topf langsam – mindestens 15 Min. – anrösten.

Asiatischer Glasnudelsalat

Blitzschnell ein Stück asiatisches Flair nach Hause holen.

▶ Für 2 Personen

Geht schnell 20 Min.
+ 1 Std. Ziehzeit

80 g Glasnudeln · 1 rote Paprikaschote 1 gelbe Paprikaschote · 1 Bund Lauchzwiebeln · frischer Koriander · Sambal Oelek Tabasco · 1 – 2 EL Himbeeressig · 1 – 2 EL Sojasauce · Pfeffer, frisch gemahlen · 1 Msp. Ingwer (gemahlen) · etwas flüssiger Süßstoff nach Geschmack · Asia-Jodsalz · 1 EL Sesamöl

- Die Glasnudeln mit heißem Wasser übergießen und 8 – 10 Min. einweichen. Abgießen, mit einer Küchenschere kürzen und abkühlen lassen.
- Die Paprikaschoten putzen, abspülen und in kleine Würfel schneiden. Die Lauchzwiebeln putzen, abspülen und fein schneiden. Den Koriander abspülen, trocken schütteln und hacken.
- Gemüse und Koriander unter die Glasnudeln mischen. Aus Sambal Oelek, Tabasco, Essig, Sojasauce, Pfeffer, Ingwer, Süßstoff und etwas Asia-Jodsalz eine Marinade rühren. Zum Schluss das Sesamöl unterschlagen. Die Marinade mit dem Salat mischen und ½ bis 1 Stunde ziehen lassen.

Nährwerte pro Portion

142 kcal / 6 g E / 6 g F, 16 g KH / 3 g Ba
0,5 BE / 0,7 KE / 0 g Chol.

Spanische Paella

In Spanien gehört Paella auf jede Speisekarte – in 1000 und einer Variation. Probieren Sie einmal meine Version!

▶ 4 Portionen

Braucht etwas mehr Zeit ⏲ **10 Min. + 30 Min. Garzeit**

4 Zwiebeln · 4 Knoblauchzehen · 4 Tomaten · 4 EL Olivenöl
200 g Parboiledreis · 1 EL gekörnte Gemüsebrühe · 1 TL Curry
400 g Rotbarschfilet (tiefgekühlt) · 2 EL Zitronensaft · Kräuter-Jodsalz · 200 g Krabben · 200 g Miesmuscheln (aus dem Glas) · 200 g Erbsen (tiefgekühlt) · 3 EL Zitronensaft · Salz | Pfeffer, frisch gemahlen

- Zwiebeln und Knoblauch abziehen. Knoblauch zerdrücken und Zwiebeln würfeln. Die Tomaten mit kochendem Wasser überbrühen, häuten und achteln.
- Zwiebeln und Knoblauch im Öl anbraten und den Reis dazugeben. Glasig anbraten und mit 600 ml Wasser aufgießen. Brühe und Curry zugeben und alles etwa 15 Min. ausquellen lassen.
- Den Fisch säuern, salzen und in Würfel schneiden. Krabben und Muscheln abtropfen lassen. Fisch, Krabben, Tomaten und Erbsen vorsichtig unter den Reis heben. 200 ml Wasser mit dem Zitronensaft mischen und die Fischpfanne damit aufgießen. 15 Min. auf kleiner Stufe köcheln lassen. Vor dem Servieren mit Salz und Pfeffer abschmecken.

Nährwerte pro Portion

565 kcal / 40 g E / 21 g F / 54 g KH / 5 g Ba / 3 BE / 4 KE
160 mg Chol.

Chinesische Reispfanne

Reis mit Geschmack? Kein Problem, die Reispfanne schmeckt super zu allerhand asiatischen Gerichten.

▶ Für 2 Personen

Gelingt leicht ⏲ **10 Min. + 20 Min. Garzeit**

Asia-Jodsalz · 80 g Parboiledreis · 2 Zwiebeln · 4 Backpflaumen (50 g) · 1 EL Sonnenblumenkernöl · 1 EL Mandelstifte
1 EL Sojasauce · Currypulver · Pfeffer, frisch gemahlen
flüssiger Süßstoff nach Geschmack

- 160 ml Wasser aufkochen und mit etwas Asia-Jodsalz würzen. Den Reis in das kochende Wasser geben und auf kleiner Flamme etwa 20 Min. ausquellen lassen. Die Zwiebeln abziehen und würfeln. Die Backpflaumen entsteinen und in schmale Streifen schneiden.
- Das Öl in einer Pfanne erhitzen und die Zwiebeln und Pflaumenstücke darin anbraten. Im Anschluss daran die Mandelstifte zugeben. Den fertig gekochten Reis hinzufügen und mit den Pflaumen, Zwiebeln und Mandeln mischen. Mit etwas Asia-Jodsalz, Sojasauce, Curry, Pfeffer und Süßstoff abschmecken.

▶ Das passt dazu

Teryakihähnchen (S. 93).

Nährwerte pro Portion

305 kcal / 6 g E / 10 g F / 48 g KH / 6 g Ba / 3 BE / 3,8 KE
0 mg Chol.

Weißkohltopf mit Hackbällchen

Testen Sie unbedingt diesen deftigen und sättigenden Eintopf. Einmal aufgewärmt schmeckt er noch mal so gut!

▶ Für 2 Personen

Preisgünstig ⏲ **15 Min. + 30 Min. Garzeit**

1 kleiner Weißkohlkopf · 300 g Kartoffeln (vorwiegend festkochend) · 1 Zwiebel · 1 – 2 TL gekörnte Gemüsebrühe 1 TL Kümmel (ganz) · 1 kleine Dose Tomaten (400 g) 250 g Rinderhackfleisch · 1 Ei · Kräuter-Jodsalz · Pfeffer, frisch gemahlen · 2 EL Paniermehl (30 g) · 2 EL Weizenmehl (20 g)

- Weißkohl putzen, abspülen und in mittelgroße Stücke schneiden. Die Kartoffeln schälen, abspülen und würfeln. Die Zwiebel abziehen und fein würfeln. Weißkohl und Kartoffeln gerade eben mit Wasser bedecken, Brühe und Kümmel sowie die Tomaten zugeben und alles auf kleiner Flamme 20 Min. köcheln lassen.
- Das Hackfleisch mit Zwiebeln, Ei, den Gewürzen und Paniermehl verkneten. Aus dem Teig aprikosengroße Bällchen formen. Die Bällchen in Mehl wälzen und in die köchelnde Suppe geben. Weitere 10 Min. bei mittlerer Hitze gar kochen, bis die Suppe nicht mehr trüb ist.

Nährwerte pro Portion

565 kcal / 38 g E / 22 g F / 54 g KH / 12 g Ba / 3,4 BE / 4 KE
190 mg Chol.

Lauchsuppe mit Hackfleisch

Der Partyklassiker für den kleinen Appetit zu später Stunde.

▶ Für 2 Personen

Preisgünstig ⏲ **15 Min. + 20 Min. Garzeit**

2 große Stangen Lauch · 2 Zwiebeln · 1 EL Maiskeimöl 200 g Rinderhackfleisch · 2 TL gekörnte Fleischbrühe 50 g Schmelzkäse (max. 30 % F. i. Tr.) · Pfeffer, frisch gemahlen · Muskatnuss · 100 ml fettarme Milch · 1 EL Weizenmehl

- Den Lauch der Länge nach halbieren, gründlich abspülen und in Ringe schneiden. Die Zwiebeln abziehen und fein würfeln. Das Öl in einem Topf erhitzen, Hackfleisch und Zwiebelwürfel anbraten.
- Die Zwiebel-Hack-Masse schmoren und sobald sich etwas Fleisch am Topfboden absetzt, mit wenig Wasser ablöschen, mit 400 ml Wasser aufgießen und die Lauchringe zugeben.
- Die Fleischbrühe einrühren und 15 – 20 Min. auf mittlerer Flamme garen. Den Schmelzkäse in der Suppe auflösen und mit Pfeffer und Muskat abschmecken. Die Milch mit dem Mehl glatt rühren, mit dem Schneebesen einrühren, nochmals aufkochen und heiß servieren.

Nährwerte pro Portion

420 kcal / 32 g E / 22 g F / 23 g KH / 5 g Ba / ¾ BE / 1 KE
65 mg Chol.

Minestrone mit Nudeln

Die italienische Antwort auf den Pichelsteiner Gemüsetopf.

▶ Für 2 Personen

Gelingt leicht ⏲ **15 Min. + 20 Min. Garzeit**

1 Bund Suppengrün · 2 Zwiebeln · 2 Knoblauchzehen · ½ kleiner Wirsingkohl · 1 EL Olivenöl · Salz | Pfeffer, frisch gemahlen
1 – 2 TL gekörnte Gemüsebrühe · 100 g Muschelnudeln · ½ kleine Dose weiße dicke Bohnen (125 g) · 150 g Erbsen (tiefgekühlt)
1 kleine Dose Tomatenstücke (400 g)
½ Bund frische Petersilie · Tomaten-Jodsalz ·
1 EL geriebener Parmesan

- Suppengrün putzen, abspülen, schälen und klein schneiden. Zwiebeln und Knoblauchzehen abziehen und fein hacken. Den Wirsing putzen, abspülen und in feine Streifen schneiden. Zwiebeln und Knoblauch im heißen Öl anbraten.
- Das Suppengemüse und den abgetropften Wirsing zugeben, leicht salzen und pfeffern. Mit so viel Wasser aufgießen, dass das Gemüse im Wasser schwimmt. Mit der Gemüsebrühe würzen und etwa 10 Min. kochen lassen. Die Nudeln dazugeben und 5 Min. kochen. Bohnen, Erbsen und Tomaten in die Suppe geben und weitere 5 Min. garen.
- Die Petersilie abspülen und hacken. Die Suppe mit Pfeffer und Tomaten-Jodsalz abschmecken, die Petersilie hinzufügen. Mit Parmesan bestreuen.

Nährwerte pro Portion

475 kcal / 26 g E / 12 g F / 65 g KH / 19 g Ba
4 BE / 5,2 KE / 55 mg Chol.

Kartoffelcremesuppe mit Gambas

Wunderbar für Gäste, weil sich der Aufwand in Grenzen hält.

▶ Für 2 Personen

Gelingt leicht ⏲ **10 Min. + 25 Min. Garzeit**

400 g Kartoffeln · 2 Zwiebeln · 1 – 2 TL gekörnte Gemüsebrühe · 100 ml fettreduzierte Sahne (z. B. »Cuisine« von Alpro) · Muskatnuss · Pfeffer, frisch gemahlen · 1 EL Rapsöl
4 große Gambas/Riesengarnelen (200 g)
etwas Rosmarin

- Die Kartoffeln schälen, abspülen und vierteln. Die Zwiebeln abziehen und würfeln. Kartoffeln und Zwiebeln mit 400 ml Wasser auffüllen, die Gemüsebrühe in das Wasser einrühren und alles etwa 20 Min. kochen. Anschließend die Suppe mit dem Pürierstab pürieren.
- Die Sahne zugeben, mit den Gewürzen abschmecken und weitere 5 Min. köcheln lassen. Die Gambas im Öl von allen Seiten anbraten. Die gebratenen Gambas auf die Suppe setzen. Mit ein paar Rosmarinnadeln garniert servieren.

▶ Variante

Sie können die Suppe auch mit in Streifen geschnittenem Schinken garnieren oder einfach pur genießen.

Nährwerte pro Portion

385 kcal / 26 g E / 15 g F / 36 g KH / 6 g Ba
2,5 BE / 3 KE / 165 mg Chol.

Curry-Apfel-Suppe mit Hähnchen

Schön sahnig und fruchtig schmeckt die Suppe – prima auch für Gäste.

▶ Für 2 Personen

Gelingt leicht ⏲ **10 Min. + 20 Min. Garzeit**

1 großes Hähnchenbrustfilet (200 g) · 2 Zwiebeln · 1 mittelgroßer Apfel (150 g) · 1 EL Rapsöl · 200 ml fettreduzierte Sahne (z. B. »Cuisine« von Alpro) · Pfeffer, frisch gemahlen etwas flüssiger Süßstoff nach Geschmack · 1 – 2 TL gekörnte Gemüsebrühe · 4 EL Mehl (40 g) · Curry

- Die Hähnchenbrust kalt abspülen, trocken tupfen und in kleine Stücke schneiden. Zwiebeln abziehen und fein würfeln. Den Apfel schälen, vom Kerngehäuse befreien und fein würfeln.
- Das Fleisch mit Zwiebeln, Apfel und etwas Curry scharf im Öl anbraten. Wenig Wasser angießen und schmoren lassen. Diesen Vorgang 2-mal wiederholen. Etwa 150 – 200 ml Wasser und die Sahne hinzufügen.
- Mit Curry, Pfeffer, Süßstoff und gekörnter Gemüsebrühe abschmecken. 10 Min. auf kleiner Flamme köcheln lassen. Das Mehl mit wenig Wasser glatt rühren. Die Suppe abschmecken, aufkochen lassen und das angerührte Mehl einrühren.

Nährwerte pro Portion

425 kcal / 29 g E / 21 g F / 30 g KH / 3 g Ba / 1,7 BE / 2 KE
85 mg Chol.

Hähnchen-Gemüse-Eintopf

Ein schöner Eintopf und dank Hähnchen und Kartoffeln deftig-lecker.

▶ Für 2 Personen

Preisgünstig ⏲ **10 Min. + 30 Min. Garzeit**

2 Zwiebeln · 2 Karotten · ½ Sellerieknolle · 350 g Kartoffeln (mehlig kochend) · 2 Hähnchenbrustfilet (300 g) · 1 EL Rapsöl · 1 – 2 TL gekörnte Gemüsebrühe · Pfeffer · 200 g Bohnen (tiefgekühlt) · Kräuter-Jodsalz · etwas Kerbel

- Die Zwiebeln abziehen und würfeln. Die Karotten schälen und in Scheiben schneiden. Sellerie putzen, abspülen und in Würfel schneiden. Die Kartoffeln schälen, abspülen und würfeln. Das Fleisch kalt abspülen, trocken tupfen und würfeln.
- Zwiebeln und das Fleisch im Öl scharf anbraten. Karotten, Sellerie zugeben und kurz mit anschwitzen. 250 ml Wasser dazugießen und mit der Gemüsebrühe und Pfeffer würzen. Die Kartoffeln und die Bohnen zugeben. Auf mittlerer Flamme etwa 20 – 30 Min. garen.
- Die Suppe mit den Gewürzen und mit wenig Kräuter-Jodsalz abschmecken. Den Kerbel abspülen, trocken schütteln und zupfen. Vor dem Servieren in die Suppe rühren.

Nährwerte pro Portion

410 kcal / 45 g E / 7 g F / 41 g KH / 17 g Ba / 2 BE / 2,5 KE
100 mg Chol.

Sauerkrautsuppe

Bestimmt sind auch Ihre Gäste von der Partysuppe begeistert.

▶ Für 2 Personen

Gelingt leicht ⏲ **10 Min. + 30 Min. Garzeit**

200 g fettarmes Schweinefleisch · 1 Gemüsezwiebel
250 g Kartoffeln · 1 EL Rapsöl · 150 g Sauerkraut · Kartoffel-Jodsalz · Pfeffer, frisch gemahlen · Muskatnuss · ½ Bund frische Petersilie · 2 EL Schmand

- Das Fleisch kalt abspülen, trocken tupfen und fein würfeln. Die Zwiebel abziehen und in Würfel schneiden. Die Kartoffeln schälen, abspülen und grob reiben.
- Das Fleisch mit den Zwiebeln im Öl anbraten. Mit 500 ml Wasser ablöschen und das Sauerkaut und die geriebenen Kartoffeln zugeben. Die Suppe mit wenig Kartoffel-Jodsalz, Pfeffer und Muskat würzen und etwa 30 Min. auf kleiner Flamme garen.
- Die Petersilie abspülen, trocken schütteln, hacken und in die Suppe rühren (dabei etwas Petersilie zurückbehalten). Die Sauerkrautsuppe vor dem Servieren mit 1 Esslöffel Schmand und gehackter Petersilie garnieren.

Nährwerte pro Portion

310 kcal / 26 g E / 13 g F / 22 g KH / 6 g Ba / 1,5 BE / 2 KE
75 mg Chol.

Zwiebelsuppe

Die Zwiebelsuppe kommt bestimmt bald auch bei Ihnen regelmäßig auf den Tisch.

▶ Für 2 Personen

Preisgünstig ⏲ **5 Min. + 35 Min. Garzeit**

2 Gemüsezwiebeln · 1 EL Butter · 2 EL Weizenmehl (20 g)
Salz | Pfeffer, frisch gemahlen · 100 ml trockener Weißwein
2 EL geriebener Käse (max. 40 % Fett i. Tr.)

- Die Zwiebeln abziehen, halbieren und in hauchdünne Scheiben schneiden. Zwiebelscheiben in der Butter goldgelb braten. Das Mehl über die Zwiebeln stäuben, leicht bräunen und mit 400 ml Wasser aufgießen. Falls sich Mehlklümpchen bilden, kräftig mit dem Schneebesen durch die Suppe rühren.
- Mit Salz und Pfeffer würzen und bei mittlerer Hitze etwa 25 Min. kochen lassen. Zum Schluss den trockenen Weißwein in die fertige Suppe rühren und noch einmal mit Salz und Pfeffer abschmecken. Die Suppe mit dem geriebenen Käse bestreut servieren.

▶ **Das passt dazu**

Wenn Sie die Suppe als Hauptgang essen möchten, können Sie dazu geröstetes Weißbrot und einen Salat servieren.

Nährwerte pro Portion

200 kcal / 8 g E / 8 g F / 5 g Alk. / 15 g KH / 3 g Ba / 0,5 BE
0,5 KE / 20 mg Chol.

Omas Linseneintopf

Es geht doch nichts über einen kräftigen, wärmenden und sättigenden Linseneintopf.

▶ Für 4 Personen

Preisgünstig ⏲ **2 Std.**

120 g Tellerlinsen · 1 – 2 EL gekörnte Gemüsebrühe
½ TL Natron (z. B. von der Firma Kaiser Natron, Supermarkt)
2 Lorbeerblätter · 2 Gewürznelken · 350 g Kartoffeln (mehlig kochend) · 1 kg Suppengemüse (tiefgekühlt) · Pfeffer, frisch gemahlen · 1 Packung Petersilie (tiefgekühlt) · 1 – 2 EL Weißweinessig

- Die Linsen mit so viel Wasser auffüllen, dass sie 2 Finger breit bedeckt sind. 1 Esslöffel der gekörnten Brühe, Natron, Lorbeerblätter und Nelken hinzufügen.
- Die Linsen auf kleiner Flamme langsam zum Kochen bringen und 1 bis 1½ Stunden köcheln lassen. Die Kartoffeln schälen und würfeln. Nach der Kochzeit zu den weichen Linsen geben. Falls nötig, mit etwas Wasser aufgießen.
- Das Suppengemüse zugeben. Mit der restlichen Gemüsebrühe und dem Pfeffer würzen und eine ½ Stunde köcheln lassen. Vor dem Servieren die Petersilie und den Essig unterrühren.

▶ Variante

Der Linseneintopf schmeckt gut mit Geflügelwürstchen oder mit 200 g fettarmem angeschwitztem Speck.

Nährwerte pro Portion

430 kcal / 23 g E / 2 g F / 80 g KH / 29 g Ba / 4 BE / 5,5 KE
0 mg Chol.

Brokkolicremesuppe mit Lachs und Mandeln

Schnell gemacht – prima auch für Gäste!

▶ Für 2 Personen

Geht schnell ⏲ **10 Min. + 10 Min. Garzeit**

½ Bund Petersilie · 2 EL Mandelblättchen · 500 g Brokkoli
1–2 EL gekörnte Gemsebrühe · 100 ml fettreduzierte Sahne
etwas Jodsalz · frisch gemahlener Pfeffer · 2 EL Weizenmehl
2 Scheiben geräucherter Lachs

- Die Petersilie waschen, trocken schütteln und fein hacken. Die Mandelblättchen ohne Fett kurz anrösten, bis sie goldgelb sind. (Mandeln nicht zu lange in der heißen Pfanne lassen, sie bräunen sehr stark nach, dann zur Seite stellen.)
- Brokkoli putzen, waschen und in Röschen teilen. Das Wasser mit der Gemüsebrühe zum Kochen bringen und das Gemüse zugeben. Etwa 6 Min. auf mittlerer Flamme garen. Anschließend eine Suppen- oder Schaumkelle voll Gemüseröschen über der Suppe abtropfen und zur Seite stellen. Das restliche Gemüse im Topf mit einem Passierstab sämig pürieren. Aufkochen lassen und Sahne dazugießen, salzen und pfeffern.
- Das Mehl mit etwas Wasser glatt rühren und mit einem Schneebesen in die kochende Suppe rühren – falls nötig, noch einmal abschmecken. Die abgetropften Gemüseröschen zurück in die Suppe geben und kurz erwärmen.
- Den Lachs rollen und in kleine Stückchen schneiden. Zum Schluss die Petersilie in die Suppe geben, umrühren und auf 2 Teller portionieren. Die Mandelblättchen darüber streuen und mit den Lachsstückchen garnieren.

Nährwerte pro Portion

260 kcal / 18 g E / 14 g F / 16 g KH / 9 g Ba / 0,5 BE / 0,6 KE
10 mg Chol.

Italienische Bohnensuppe

Fleischlos und trotzdem glücklich! Mit dem deftigen Eintopf aus weißen Bohnen mit Parmesankäse und Gemüse ist das sicher machbar.

- Die Bohnen mit so viel Wasser auffüllen, dass sie 10 cm hoch bedeckt sind. Die Hülsenfrüchte 8 – 10 Stunden quellen lassen (am besten über Nacht). Danach samt Einweichwasser, Natron und Gemüsebrühe 1½ Stunden garen. Wenn die Bohnen das Wasser vollständig aufgesogen haben, ½ l Wasser nachgießen.
- Zwiebel und Knoblauchzehe abziehen und fein hacken. Die Karotte schälen und in dünne Scheiben schneiden. Staudensellerie putzen, abspülen und in feine Ringe schneiden. Lauch längs halbieren, abspülen und in ganz feine Ringe schneiden. Rosmarin abspülen, zupfen.
- Zwiebeln und Knoblauch im Öl scharf anbraten. Das Gemüse zugeben und etwa 5 – 8 Min. dünsten. Nach der Garzeit die Hälfte der Bohnen aus dem Topf nehmen, etwas Kochflüssigkeit dazugeben und mit dem Pürierstab pürieren, zurück in die Suppe geben und das Gemüse hinzufügen.
- Die Suppe 15 Min. ohne Deckel auf kleiner Stufe köcheln lassen. Mit Kartoffel-Jodsalz und Pfeffer abschmecken und Rosmarin zugeben. Das Toastbrot anrösten und diagonal durchschneiden. Die beiden Hälften auf die Teller legen und den Parmesankäse darüberstreuen. Zum Servieren die Bohnensuppe über das Toastbrot gießen.

Nährwerte pro Portion

350 kcal / 21 g E / 11 g F / 41 g KH / 18 g Ba / 2,5 BE / 3,5 KE / 8 mg Chol.

▶ Für 2 Personen

Braucht etwas mehr Zeit

2 Std. + 10 Std. Einweichzeit

120 g weiße Bohnen
½ TL Natron (z. B. von der Firma Kaiser Natron, Supermarkt)
1 TL gekörnte Gemüsebrühe
1 Zwiebel
1 Knoblauchzehe
1 Karotte
1 Stange Staudensellerie
1 Stange Lauch
1 Rosmarinzweig
1 EL Olivenöl
Kartoffel-Jodsalz
Pfeffer, frisch gemahlen
½ Packung gehackter Thymian (tiefgekühlt)
1 Scheibe Toastbrot (25 g)
1 EL geriebener Parmesankäse

WISSEN

Berechnung von Hülsenfrüchten

Heute rät die Deutsche Diabetes Gesellschaft (DDG), Hülsenfrüchte, sooft es geht, in den Wochenspeiseplan einzubauen. Hülsenfrüchte liefern hochwertiges Eiweiß, wenig Fett und eine große Menge Kohlenhydrate sowie Vitamine und Mineralstoffe enthalten. Dank ihrer großen Ballaststoffmenge ist der Blutzuckerverlauf nach dem Genuss von Bohnen und Co. gemäßigt. Für die Kohlenhydratberechnung ist es sinnvoll, pro BE 30 g und pro KE 20 bis 25 g getrocknete Hülsenfrüchte zu berechnen. Es empfiehlt sich, den Blutzucker nach dem Essen (nach ca. 1½ bis 2 Stunden) zu testen und entsprechend zu reagieren.

Kartoffel-Käse-Auflauf

Herrlich, der Auflauf! Greifen Sie ruhig zu – Sie brauchen gar kein schlechtes Gewissen zu haben.

▶ Für 2 Personen

Gelingt leicht 10 Min. + 1 Std. Garzeit

350 g Kartoffeln · Salz · 2 Zwiebeln · 4 Scheiben Lachsschinken · 2 Tomaten · 200 g körniger Frischkäse
½ Packung Petersilie (tiefgekühlt) · 1 EL gekörnte Gemüsebrühe · 2 Eier · 2 EL Schmand

- Die Kartoffeln schälen, abspülen und in mitteldicke Scheiben schneiden. Die Kartoffeln 10 Min. in Salzwasser kochen. Die Zwiebeln abziehen und in Ringe schneiden. Die Zwiebelringe ins Kochwasser geben und weitere 5–8 Min. zusammen mit den Kartoffeln garen.
- Den Backofen auf 180 Grad (Gas Stufe 2 bis 3, Umluft 160 Grad) vorheizen. Den Schinken in Streifen schneiden. Die Tomaten abspülen, entkernen und in Scheiben schneiden. Die gekochten Kartoffeln und Zwiebelringe in eine Auflaufform geben.
- Die Tomatenscheiben und den Schinken darüber verteilen. Den körnigen Frischkäse mit der Petersilie, der Gemüsebrühe, den Eiern und dem Schmand mischen und über die Gemüse-Kartoffel-Masse gießen. Auf der mittleren Schiene etwa 35–45 Min. backen.

▶ Das passt dazu

Ein knackig-frischer Salat.

Nährwerte pro Portion

390 kcal / 32 g E / 13 g F / 36 g KH / 6 g Ba / 2 BE / 2,5 KE
265 mg Chol.

Tortilla mit Tomaten und Salbei

Salbei und Parmesankäse machen die Tarte zu einem geschmacklichen Highlight.

▶ Für 2 Personen

Preisgünstig 10 Min. + 30 Min. Garzeit

350 g Kartoffeln · 2 Tomaten · 1 Knoblauchzehe · 3 Eier
4 EL Milch · Kartoffel-Jodsalz · Salz | Pfeffer, frisch gemahlen
1 EL geriebener Parmesankäse · 1 Handvoll Salbeiblätter
1 EL Maiskeimöl

- Die Kartoffeln in der Schale kochen, pellen und abkühlen lassen. Die Tomaten abspülen, putzen. Tomaten und Kartoffeln in Scheiben schneiden. Den Knoblauch abziehen und fein hacken. Die Eier und die Milch verquirlen und mit Kartoffel-Jodsalz, Pfeffer und Parmesan abschmecken.
- Knoblauch im Öl anbraten. Die Hitze zurückschalten und die Tomaten auf dem Pfannenboden gleichmäßig verteilen. Die Kartoffeln darüberschichten und mit den restlichen Tomaten bedecken. Jede Schicht mit Salz und Pfeffer würzen. Die Eiermilch über die Kartoffeln und Tomaten gießen und die gezupften Salbeiblätter darauf verteilen.
- Die Hitze noch weiter reduzieren und alles mit geschlossenem Deckel etwa 20 Min. stocken lassen. Die Tortilla vorsichtig mit einem Pfannenwender lösen, auf einen Teller gleiten lassen, auf einen 2. Teller stürzen und nun mit der hellen Seite zurück in die Pfanne geben. Noch einmal etwa 8–10 Min. stocken lassen.

Nährwerte pro Portion

340 kcal / 19 g E / 17 g F / 27 g KH / 5 g Ba / 2 BE / 2,5 KE
35 mg Chol.

▶ Tortilla mit Tomaten und Salbei.

Gefüllte Weizenkohlrabi

Kernig – aber nicht hart, würzig – aber nicht zu scharf, lecker – und trotzdem keine trockene Körnerkost.

▶ Für 2 Personen

Gelingt leicht ⏲ **15 Min. + 25 Min. Garzeit**

2 Kohlrabi · 2 Zwiebeln · 1 Knoblauchzehe · 100 g Ebly-Weizenkörner · Salz | Pfeffer, frisch gemahlen · 1 EL Rapsöl Paprikapulver · 1 EL geriebener Parmesankäse · 1 Kästchen Kresse

- Die Kohlrabi schälen, hölzerne Teile entfernen und mit einem Kugelausstecher oder einem Küchenmesser aushöhlen. Zwiebeln und Knoblauch abziehen und fein würfeln. Den Weizen in 200 ml Salzwasser etwa 10 – 15 Min. garen.
- In einem 2. Topf Salzwasser zum Kochen bringen und die ausgehöhlten Kohlrabi samt den Kohlrabistücken etwa 5 – 8 Min. darin garen. Abtropfen lassen und warm stellen. Das Kohlrabiinnere klein hacken.
- Zwiebeln und Knoblauch im Öl anbraten. Den Weizen in die Pfanne geben. Mit Salz, Pfeffer und Paprikapulver abschmecken. Die gehackten Kohlrabistücke und den Parmesankäse untermischen und abschmecken.
- Das Weizengemisch in die beiden Kohlrabi füllen. Den restlichen Weizen auf dem Teller neben den Kohlrabi anrichten. Die Hälfte der Kresse mit einer Schere abschneiden, grob hacken und vor dem Servieren über die Kohlrabi streuen.

Tipp

Anstelle von Eblyweizen, den Sie im Supermarkt kaufen können, eignet sich auch Parboiled Reis im gleichen Mengen- und Mischungsverhältnis.

Nährwerte pro Portion

235 kcal/ 8 g E/ 4 g F/ 41 g KH/ 5 g Ba/ 2,5 BE/ 3,3 KE
1 mg Chol.

Grünkern-Gemüse-Pfanne mit Minzjoghurt

Schnell, ohne Fleisch und trotzdem lecker!

▶ Für 2 Personen

Gelingt leicht ⏲ **20 Min. + 70 Min. Garzeit**

100 g Grünkern (ganz) · 1 EL gekörnte Gemüsebrühe 2 Zwiebeln · 1 Knoblauchzehe · 1 gelbe Paprikaschote 1 EL Rapsöl · Kräuter-Jodsalz · Pfeffer, frisch gemahlen Paprikapulver · 50 g Tiefkühlerbsen · 250 ml Joghurt Zitronensaft · 1 Beutel Pfefferminztee · 10 Kirschtomaten ½ Bund Petersilie

- Den Grünkern 10 – 12 Stunden am besten über Nacht einweichen. Dann in 250 ml Wasser und der Gemüsebrühe etwa 1 Stunde köcheln lassen. Die Zwiebeln und den Knoblauch abziehen. Zwiebeln fein würfeln, Knoblauch fein hacken.
- Die Paprikaschote putzen, abspülen und in kurze Streifen schneiden. Zuerst Zwiebeln und Knoblauch anbraten, dann die Paprikaschote zugeben. Mit den Gewürzen abschmecken und die Erbsen hinzufügen.
- Joghurt glatt rühren, mit Kräuter-Jodsalz, Pfeffer und Zitronensaft und dem Inhalt von einem ¼ bis ½ Teebeutel Pfefferminztee (je nach Geschmack) würzen. Die Tomaten abspülen und zum Gemüse geben. 5 Min. auf mittlerer Flamme garen und abschmecken.
- Die Petersilie abspülen, zupfen und hacken. Den Grünkern zusammen mit dem Gemüse anrichten und den Minzjoghurt darum verteilen. Mit der Petersilie bestreut servieren.

Nährwerte pro Portion

345 kcal/ 13 g E/ 12 g F/ 46 g KH/ 10 g Ba/ 3,2 BE/ 4,2 KE
20 mg Chol.

Vegetarisches Gulasch

Für all diejenigen, die es gerne deftig mögen.

▶ Für 2 Personen

Geht schnell ⏲ 5 Min. + 25 Min. Garzeit

1–2 TL gekörnte Gemüsebrühe · 50 g grobe Sojaschnetzel · 100 ml fettreduzierte Sahne (z. B. »Rama Cremefine«) · 1 kleines Glas Champignons in Scheiben · Salz | Pfeffer, frisch gemahlen · Muskatnuss · 1 Tropfen Zuckercouleur

- 150–200 ml Wasser in einem Topf zum Kochen bringen und die gekörnte Gemüsebrühe darin auflösen. Die Sojaschnetzel in das Wasser geben und auf mittlerer Flamme etwa 25 Min. quellen lassen.
- Die Sahne und die Champignons mit 50 ml Champignonwasser in das gequollene Sojafleisch geben. Mit den Gewürzen abschmecken und zum Schluss einen Tropfen Zuckercouleur in das Ragout geben.

Tipp

Sojaschnetzel sind ein extrudiertes Sojaprodukt, auch Sojafleisch genannt. Sie sind sehr fettarm und liefern hochwertiges Eiweiß. Etwa 40 g Trockenprodukt entsprechen 1 BE und etwa 35 g 1 KE.

Nährwerte pro Portion

160 kcal / 20 g E / 10 g F / 7 g KH
6 g Ba / 0,5 BE / 0,5 KE / 20 mg Chol.

Vegetarische Frikadellen

So gut, dass sie von echten Frikadellen kaum zu unterscheiden sind.

▶ Für 2 Personen

Gelingt leicht ⏲ 10 Min. + 10 Min. Garzeit

1 Karotte · 1 Zwiebel · 1 Knoblauchzehe · 250 g Tofu · 1 Ei · 2 EL Haferflocken (20 g) · etwas Sojasauce Kräuter-Jodsalz · Pfeffer, frisch gemahlen · Curry · ½ Packung gemischte Kräuter (tiefgekühlt) · 1 EL Öl

- Die Karotte schälen und auf einer Reibe zur Hälfte grob und zur anderen Hälfte fein reiben. Zwiebel und Knoblauchzehe abziehen. Die Zwiebel fein würfeln, den Knoblauch fein hacken oder zerdrücken. Den Tofu gut auspressen und mit einem Passierstab pürieren.
- Das Ei und die Haferflocken mit dem Tofu mischen und die Zwiebelwürfel, den Knoblauch und die geriebene Karotte unter die Masse kneten. Mit der Sojasauce und den Gewürzen abschmecken und die Kräuter zugeben. Aus dem Teig gleich große Küchlein formen und im heißen Öl von beiden Seiten braten.

▶ Das passt dazu

Besonders lecker dazu schmecken ein gemischter Salat und frisches Vollkornbrot.

Nährwerte pro Portion

335 kcal / 26 g E / 20 g F / 13 g KH
5 g Ba / 0,5 BE / 0,5 KE / 120 mg Chol.

Tofutopf

Hier ist schon alles drin, was man zu einem guten Mittagessen braucht!

▶ Für 2 Personen

Braucht etwas mehr Zeit ⏲ 40 Min. + 3 Std. Ziehzeit

250 g Tofu · Sojasauce · 4 Zwiebeln 2 Karotten · 300 g Kartoffeln · 1 EL gekörnte Gemüsebrühe · 200 g grüne Bohnen (tiefgekühlt) · 100 g Erbsen (tiefgekühlt) · Pfeffer, frisch gemahlen · Rosmarin (getrocknet) · Thymian (getrocknet) · 2 EL Schmand

- Den Tofu in mittelgroße Würfel schneiden und mindestens 3 Stunden in der Sojasauce marinieren. Die Zwiebeln abziehen und vierteln. Die Karotten schälen und in dünne Scheiben schneiden. Die Kartoffeln schälen, abspülen und in mittelgroße Würfel schneiden.
- Das Gemüse und die Kartoffeln zusammen in einen Topf geben und mit Wasser auffüllen, sodass alles gut mit Wasser bedeckt ist. Gemüsebrühe und Bohnen zugeben und 15 Min. kochen lassen. Anschließend die Erbsen zugeben und weitere 8 Min. kochen.
- Den Tofuwürfel hinzufügen und kurz weiter köcheln. Mit etwas Pfeffer und den Kräutern abschmecken und vor dem Servieren mit 1 Esslöffel Schmand garnieren.

Nährwerte pro Portion

440 kcal / 32 g E / 14 g F / 46 g KH
18 g Ba / 2,3 BE / 3 KE / 10 mg Chol.

Frühlingsgemüse aus dem Wok

Lassen Sie sich ruhig in Ihre Töpfe gucken. Denn was ins Wokgemüse kommt, kann sich sehen lassen: Spargel, Ingwer und Kaiserschoten, um nur ein paar zu nennen!

▶ Für 2 Personen

Geht schnell **10 Min. + 10 Min. Garzeit**

250 g grüner Spargel · 1 Karotte · 1 Bund Lauchzwiebeln · 1 gelbe Paprikaschote
1 kleines Stück Ingwer · 1 EL Maiskeimöl
100 g Zuckerschoten (tiefgekühlt) · etwas Chili (gemahlen) · 2 EL Teriyaki- oder Sojasauce · Asia-Jodsalz · flüssiger Süßstoff nach Geschmack

- Den Spargel abspülen. Die Karotte schälen. Spargel und Karotte in 2–3 cm große Stücke schneiden. Die Lauchzwiebeln putzen, abspülen und in feine Ringe schneiden.
- Die Paprikaschote putzen und in feine Streifen schneiden. Ingwer schälen und fein hacken. Das Öl im Wok stark erhitzen und das Gemüse und den Ingwer darin kross anbraten, dann die Zuckerschoten zugeben. Wenig Wasser angießen und mit etwas Chili und Teriyaki- oder Sojasauce ablöschen.
- Mit geschlossenem Deckel etwa 6–8 Min. bissfest garen. Mit Asia-Jodsalz, Süßstoff und etwas Teriyaki- oder Sojasauce abschmecken.

▶ Das passt dazu

Basmatireis und Teriyakihähnchen (S. 93).

Nährwerte pro Portion

140 kcal / 6 g E / 6 g F / 15 g KH / 10 g Ba
0,5 BE / 0,5 KE / 0 mg Chol.

Ratatouille

Der provençalische Gemüseklassiker schlechthin – schmeckt am besten im Sommer.

▶ Für 2 Personen

BE/KE-frei 10 Min. + 30 Min. Garzeit

1 Zwiebel · 2 Knoblauchzehen · 1 gelbe Paprikaschote · 1 kleine Zucchini · 1 kleine Aubergine · Zitronensaft · 2 EL Olivenöl · 1 kleine Dose Tomatenstücke (400 g) · Salz | Pfeffer, frisch gemahlen · Knoblauch-Jodsalz · 1 Msp. Rosmarin (getrocknet) · 1 Msp. Kräuter der Provence (getrocknet)

- Zwiebel und Knoblauchzehen abziehen. Die Zwiebel fein würfeln und den Knoblauch fein hacken. Paprika, Zucchini und Aubergine putzen und abspülen. Paprika in große Quadrate schneiden, Zucchini in mitteldicke Scheiben, die Aubergine in Würfel.
- Die Auberginen mit Zitronensaft und wenig Salz mischen und ziehen lassen. Zuerst Zwiebeln und Knoblauch im Öl anbraten, dann das restliche Gemüse zugeben und mit den Tomaten und etwas Wasser (das Gemüse sollte damit knapp bedeckt sein) füllen.
- Alles etwa 15 Min. bei mittlerer Hitze und geschlossenem Deckel garen. Würzen und weitere 10–15 Min. garen, bis die Masse sämig, aber nicht matschig ist.

▶ Das passt dazu

Lecker zu kurzgebratenem Fleisch und Fladenbrot.

Nährwerte pro Portion

160 kcal / 5 g E / 10 g F / 12 g KH / 9 g Ba / 0 BE / 0 KE
0 mg Chol.

Gratinierter Chicorée

Zart und mild kommt er daher und abgerundet mit einer cremigen Béchamelsauce ist er für Groß und Klein ein Hit.

▶ Für 2 Personen

Gelingt leicht 5 Min. + 30 Min. Garzeit

4 Chicorée-Stauden · 1 EL Rapsöl · Salz | Pfeffer, frisch gemahlen · 200 ml fettarme Milch · Muskatnuss · 2 EL Mehl (20 g) · 2 Scheiben gekochter Schinken · ½ Packung Petersilie (tiefgekühlt)

- Den Backofen auf 180 Grad (Gas Stufe 2 bis 3, Umluft 160 Grad) vorheizen. Chicorée putzen, halbieren und den Strunk keilförmig herausschneiden. Chicorée salzen und pfeffern und im Öl etwa 15–20 Min. dünsten. Gut abtropfen lassen.
- Die Milch salzen, pfeffern, mit Muskat würzen und zum Kochen bringen. Das Mehl mit etwas Wasser anrühren und in die kochende Milch geben. Die Schinkenscheiben halbieren.
- Den Chicorée je mit einer ½ Scheibe Schinken umwickeln und in eine Auflaufform legen. Die Sauce darübergießen und auf mittlerer Höhe 10 Min. backen. Mit der Petersilie bestreut servieren.

▶ Das passt dazu

Kartoffelpüree und Gulasch.

Nährwerte pro Portion

180 kcal / 14 g E / 7 g F / 15 g KH / 2 g Ba / 1 BE / 1 KE
25 mg Chol.

Currykabeljau

Köstlich, was sich unter der Zwiebel-Käse-Haube versteckt: saftig-fettarmer Kabeljau, ganz ohne Gräten.

▶ Für 2 Personen

BE/KE-frei 5 Min. + 20 Min. Garzeit

400 g Kabeljaufilet (frisch oder tiefgekühlt) · 2 EL Zitronensaft · Kräuter-Jodsalz · Pfeffer, frisch gemahlen · 2 Zwiebeln · Curry · 2 TL gekörnte Gemüsebrühe · 2 EL fettreduzierter Reibkäse (max. 30 % F. i.Tr.)

- Den Backofen auf 180 Grad (Gas Stufe 2 bis 3, Umluft 160 Grad) vorheizen. Das Fischfilet kalt abspülen, trocken tupfen, mit Zitronensaft beträufeln und mit Kräuter-Jodsalz und Pfeffer würzen.
- Die Zwiebeln abziehen und in Ringe schneiden. Fisch in eine Auflaufform legen, Zwiebeln darauf verteilen und mit Curry bestäuben. 250 ml Wasser mit der Gemüsebrühe und Curry mischen, über den Fisch gießen und den Käse darüber verteilen.
- Auf mittlerer Schiene im Backofen 15 bis max. 25 Min. überbacken. Den Fisch aus dem Sud nehmen und darauf achten, dass er nicht auseinanderbricht.

Tipp

In dem übrig gebliebenem Curryfischfond können Sie Reis kochen.

Nährwerte pro Portion

190 kcal / 38 g E / 3 g F / 3 g KH / 1 g Ba / 0 BE / 0 KE / 1 mg Chol.

Fischklößchen Helgoland

Da lacht das Kinderherz: ohne Gräten, weich und mit knuspriger Kruste. Da bleibt kein Klößchen über.

▶ Für 2 Personen

Preisgünstig 20 Min. + 10 Min. Garzeit

3 – 4 EL Zitronensaft · Salz · 400 g Seelachsfilet (tiefgekühlt) Pfeffer, frisch gemahlen · 1 Packung Dill (tiefgekühlt) · 1 Ei 2 EL Magerquark · 1 EL Paniermehl (15 g) · 3 EL Cornflakes (15 g) · 2 EL Rapsöl · 75 ml fettreduzierte Sahne (z. B. »Cuisine« von Alpro) · 1 EL Weizenmehl (20 g)

- Etwas Wasser mit etwas Zitronensaft und wenig Salz in einen Topf geben, einmal aufkochen und den tiefgekühlten Seelachs in das Wasser geben und auftauen lassen. Anschließend den Fisch aus dem Sud nehmen, abtropfen lassen und mit einem Pürierstab zu feinem Mus pürieren.
- Mit 2 Esslöffeln Zitronensaft, Salz, Pfeffer, Dill, Ei, Quark und Paniermehl zu einer Fischfarce verarbeiten. Noch einmal abschmecken und aus der Masse kleine, gleich große Bällchen formen.
- Die Cornflakes in der Küchenmaschine zu feinem oder gröberem Mehl zermahlen. Die Fischbällchen im Cornflakesmehl wälzen. Das Öl in einer beschichteten Pfanne erhitzen und die Fischbällchen rundherum bei mittlerer Hitze braten. Achtung, sie verbrennen sehr schnell!
- 75 ml Wasser und die Sahne mit dem restlichen Zitronensaft, Salz und Pfeffer abschmecken und aufkochen lassen. Das Mehl mit wenig Wasser glatt rühren und die Sauce damit binden. Nochmals abschmecken. Einen Saucenspiegel auf die Teller gießen und die Klößchen daraufsetzen.

Nährwerte pro Portion

525 kcal / 47 g E / 27 g F / 23 g KH / 1 g Ba / 1,5 BE / 1,5 KE 200 mg Chol.

▶ Fischklößchen Helgoland.

Sesamrotbarsch aus dem Wok

Fisch aus dem Wok ist für gesundheitsbewusste Anfänger und Könner in der Küche genau das Richtige.

▶ Für 2 Personen

Preisgünstig ⏲ 10 Min. + 10 Min. Garzeit

4 Schalotten · 1 rote Paprika · 1 mittelgroße Zucchini 200 g Sojasprossen · 2 EL Erdnussöl · etwas Zitronengras, getrocknet · 3 EL Asia-Jodsalz · Salz | Pfeffer, frisch gemahlen flüssiger Süßstoff nach Geschmack · Sojasauce · 400 g Rotbarschfilet · Zitronensaft · 1 EL Weizenmehl (10 g) · 50 g Paniermehl · 1 EL Sesam · 1 Ei

- Die Schalotten abziehen und fein würfeln. Die Paprikaschote putzen, abspülen und in Streifen schneiden. Die Zucchini putzen und abspülen, halbieren und fein schneiden. Sojasprossen in kochendem Wasser kurz blanchieren und abtropfen lassen.
- Schalotten, Paprika und Zucchini in 1 Esslöffel Erdnussöl im Wok anbraten. Die Sojasprossen zufügen und alles etwa 5 Min. dünsten. Das Zitronengras zum Gemüse geben, mit Asia-Jodsalz, Pfeffer und etwas Süßstoff würzen und mit etwas Sojasauce ablöschen.
- Das Gemüse warm stellen. Den Fisch kalt abspülen, trocken tupfen, mit Zitronensaft säuern und mit wenig Salz und Pfeffer würzen.
- Paniermehl und Sesam mischen. Das Ei verquirlen, das Mehl in einen Teller füllen. Den Fisch zuerst in Mehl, dann in Ei und dann in der Sesam-Paniermehl-Mischung wenden. Den Fisch von jeder Seite etwa 5 Min. im restlichen Öl braten. Das Gemüse auf Tellern anrichten und den Fisch daraufgeben.

Nährwerte pro Portion

600 kcal / 51 g E / 27 g F / 38 g KH / 9 g Ba / 2 BE / 2 KE
200 mg Chol.

◀ Sesamrotbarsch aus dem Wok.

Fischsuppe

Ideal für eilige Köche – alles kommt aus einem Topf, ist vitaminreich und fettarm.

▶ Für 2 Personen

BE/KE-frei ⏲ 10 Min. + 20 Min. Garzeit

2 Zwiebeln · 1 Stange Lauch · 2 Karotten · ½ Sellerieknolle 1 EL Rapsöl · Kräuter-Jodsalz · 150 g Seelachsfilet · 150 g Kabeljaufilet · Weißweinessig · 1 – 2 TL gekörnte Gemüsebrühe · 100 g Krabben, verzehrfertig · Salz | Pfeffer, frisch gemahlen · 1 Packung gemischte Kräuter (tiefgekühlt)

- Die Zwiebeln abziehen und würfeln. Die Lauchstange längs halbieren, abspülen und in Ringe schneiden. Die Karotten schälen, halbieren und in Scheiben schneiden. Die Sellerieknolle schälen und würfeln.
- Das Gemüse im Öl kräftig anbraten, mit Kräuter-Jodsalz würzen. Etwa 5 Min. auf mittlerer Flamme weiter garen. Seelachs- und Kabeljaufilet kalt abspülen, trocken tupfen, mit dem Essig beträufeln, wenig salzen und in Stücke schneiden.
- ½ l Wasser in einem Topf erhitzen, die Gemüsebrühe darin auflösen und das angebratene Gemüse in die Brühe geben. Auf mittlerer Flamme 10 – 15 Min. garen.
- Krabben und Fisch vorsichtig in die Suppe geben und gar ziehen lassen. Die Suppe mit Salz und Pfeffer abschmecken und die Kräuter in die Suppe rühren.

Tipp

Bereiten Sie direkt eine komplette Mahlzeit aus der Fischsuppe zu. Sie kochen einfach klein geschnittene Kartoffeln oder Reis entsprechend Ihrer BE/KE-Menge direkt in der Suppe mit.

Nährwerte pro Portion

300 kcal / 39 g E / 10 g F / 14 g KH / 10 g Ba / 0 BE / 0 KE
140 mg Chol.

Fischspieße Pomodoro

Schnell etwas für den Grill zaubern: fruchtig-mediterrane Fischspießen.

▶ Für 2 Personen

BE/KE-frei ⏲ **10 Min. + 8 Min. Garzeit**

400 g Steinbeißerfilet · 2 EL Zitronensaft Kräuter-Jodsalz · 2 Zwiebeln · ½ Packung Petersilie (tiefgekühlt) · 1 Knoblauchzehe 2 EL Tomatenmark · Pfeffer, frisch gemahlen flüssiger Süßstoff nach Geschmack · 2 EL Olivenöl · 4 Holzspieße

- Fisch kalt abspülen und trocken tupfen. Mit Zitronensaft beträufeln und mit etwas Kräuter-Jodsalz würzen. Die Zwiebeln abziehen und vierteln. Das Fischfilet in Würfel schneiden und abwechselnd mit den Zwiebelvierteln auf Holzspieße stecken.
- Knoblauch abziehen und zerdrücken. Mit dem Tomatenmark und der Petersilie verrühren. Leicht salzen und pfeffern, nach Geschmack Süßstoff hinzufügen und 1 Esslöffel Olivenöl zugeben.
- Die Spieße von allen Seiten in einer beschichteten Pfanne anbraten, mit der Tomatenpaste einpinseln und auf mittlerer Flamme etwa 4–5 Min. weiterbraten.

Tipp

Die Spieße eignen sich auch prima zum Grillen!

Nährwerte pro Portion

300 kcal / 37 g E / 14 g F / 6 g KH / 1 g Ba
0 BE / 0 KE / 160 mg Chol.

Asiatischer Fisch in Kokosmilch

Darf ich vorstellen: mein liebstes Fischgericht.

▶ Für 2 Personen

BE/KE-frei 5 Min.
+ 45 Min. Garzeit

400 g Seelachsfilet (tiefgekühlt) · 2 EL Zitronensaft · Asia-Jodsalz · Pfeffer, frisch gemahlen · 1 kleine Dose Kokosmilch (400 ml) · 1 TL rote Currypaste · 1 – 2 TL gekörnte Gemüsebrühe · 400 – 500 g asiatisches Tiefkühlgemüse (ohne Fett und Gewürze)

- Den Backofen auf 180 Grad (Gas Stufe 2 bis 3, Umluft 160 Grad) vorheizen. Den Fisch säuern und mit wenig Asia-Jodsalz bestreuen und leicht pfeffern. Die Kokosmilch mit etwas Pfeffer, der roten Currypaste und der Gemüsebrühe mischen und abschmecken.
- Das Tiefkühlgemüse in eine Auflaufform geben und den Fisch auf das Gemüse legen. Mit der Kokosmilch übergießen. Auf mittlerer Schiene im Backofen 30 – 45 Min. garen.

▶ Das passt dazu

Basmatireis, denn er vereint sich perfekt mit der würzig-scharfen Kokossauce.

Nährwerte pro Portion

205 kcal / 39 g E / 3 g F / 5 g KH
4 g Ba / 0 BE / 0 KE / 40 mg Chol.

Red Snapper im Spinatbett

Da lacht das Genießerherz, wenn Sie Red Snapper servieren.

▶ Für 2 Personen

BE/KE-frei 10 Min.
+ 15 Min. Garzeit

400 g Blattspinat (tiefgekühlt)
1 kleines Stück Ingwer · 1 Zwiebel
1 EL Olivenöl · Knoblauch-Jodsalz
Pfeffer, frisch gemahlen · Muskatnuss · 2 EL Sojasauce · 400 g Red-Snapper-Filet · Limettensaft
1 TL schwarzer Sesam

- Den Blattspinat auftauen. Ingwer schälen und fein hacken oder grob reiben. Die Zwiebel abziehen und fein würfeln. Zwiebeln und Ingwer in der Hälfte des Öls anbraten. Den Blattspinat zugeben, mit Knoblauch-Jodsalz, Pfeffer, Muskat und Sojasauce würzen. Aus der Pfanne nehmen und warm stellen.
- Den Fisch kalt abspülen, trocken tupfen, mit Limettensaft säuern, salzen und pfeffern. Das Fischfilet im restlichen Öl anbraten und etwa 5 Min. garen. Das Gemüse auf 2 Tellern portionieren, den Fisch daraufgeben und mit Sesam bestreuen.

▶ Das passt dazu

Reis oder frisches Fladenbrot mit fettarmem Naturjoghurt.

Nährwerte pro Portion

265 kcal / 43 g E / 9 g F / 3 g KH / 6 g Ba / 0 BE / 0 KE / 145 mg Chol.

Teriyakihähnchen

Asiatisches Hühnchen mit dem besonderen Etwas!

▶ Für 2 Personen

Gelingt leicht 20 Min.
+ 10 Min. Garzeit

300 g Hähnchenbrust · 2 EL Teriyakisauce · 1 Zwiebel · 1 Mango (150 g Fruchtfleisch) · 10 Kirschtomaten · 1 EL Sesamöl · 1 EL Sojasauce · Chili, gemahlen · Salz | Pfeffer, frisch gemahlen · flüssiger Süßstoff nach Geschmack · 1 EL Sesam

- Die Hähnchenbrust kalt abspülen und in der Teriyakisauce 15 Min. marinieren. Die Zwiebel abziehen und würfeln. Die Mango schälen, entsteinen und würfeln. Die Tomaten abspülen und halbieren.
- Das Fleisch im Öl rundherum anbraten. Die Zwiebeln dazugeben und mit anbraten. Mit der Marinade und der Sojasauce aufgießen und 3 – 5 Min. auf mittlerer Flamme köcheln lassen.
- Die Mangowürfel und die halbierten Kirschtomaten in der Sauce erhitzen und mit Chili, Pfeffer, Salz und etwas Süßstoff abschmecken. Mit Sesam bestreut servieren.

▶ Das passt dazu

Reis und asiatischer Gemüsesalat.

Nährwerte pro Portion

280 kcal / 37 g E / 9 g F / 13 g KH / 3 g Ba / 0,8 BE / 1 KE / 100 mg Chol.

Putenbraten mit Dörrobstfüllung

Es gibt keinen Grund, als Fleischfan auf einen Braten zu verzichten. Mit der Methode im Bratschlauch geht es ganz einfach und unkompliziert.

▶ Für 6 Personen
Braucht etwas mehr Zeit
20 Min. + 60 – 70 Min. Garzeit

- 1 kg Putenbraten
- 4 Backpflaumen (ca. 80 g)
- 4 Dörraprikosen (ca. 60 g)
- 2 EL fettreduzierter Frischkäse (max. 18 % Fett)
- Salz | Pfeffer, frisch gemahlen
- Curry
- Paprikapulver
- 3 Karotten
- 1 EL gekörnte Fleischbrühe
- 250 ml fettreduzierte Sahne (z. B. »Cuisine« von Alpro)
- 1 Packung Petersilie (tiefgekühlt)
- Küchengarn
- 1 Bratschlauch

- Den Ofen auf 180 Grad (Gas Stufe 2 bis 3, Umluft 160 Grad) vorheizen. Das Fleisch längs einmal einschneiden. Die Backpflaumen entsteinen. Aprikosen und Backpflaumen in mittelgroße Würfel schneiden.
- Das Fleisch leicht aufklappen und mit dem Frischkäse bestreichen, salzen und pfeffern. Das Dörrobst auf dem Frischkäse verteilen. Das aufgeklappte Fleisch vorsichtig wieder schließen, fest zusammendrücken und an beiden Enden sowie in der Mitte mit dem Küchengarn umwickeln und fest verknoten.
- Das Fleisch von mit Curry und Paprikapulver bestäuben. Die Karotten schälen und in 3 Stücke schneiden. Den Bratschlauch an einer Seite fest verschließen. Fleisch und Karotten in den Schlauch legen. Das Ganze auf ein Backblech setzen.
- 800 ml bis 1 Liter Wasser mit gekörnter Fleischbrühe, etwas Pfeffer, Paprika- und Currypulver mischen. Den Bratschlauch schräg halten und das Wasser langsam in den Beutel füllen. Den Bratschlauch fest zubinden und wieder auf das Blech legen. In die obere Naht das Bratschlauches 3 kleine Löcher schneiden.
- Den Braten auf der mittleren Schiene etwa 60 – 70 Min. garen. Nach der Garzeit einen Topf neben das Backblech stellen, den Bratschlauch mit einem Ende in den Topf halten und mit einer Schere den unteren Teil des Schlauchs vorsichtig aufschneiden. Die ganze Flüssigkeit in den Topf laufen lassen.
- Das Fleisch herausnehmen. Die Karotten zum Fond geben, aufkochen und die Sahne einrühren, sämig pürieren und abschmecken. Die Petersilie unterrühren und das Fleisch in Scheiben schneiden.

Nährwerte pro Portion
315 kcal / 43 g E / 8 g F / 18 g KH / 5 g Ba / 1 BE / 1 KE / 100 mg Chol.

WISSEN

Fettarm kochen mit »Cuisine«

Es muss nicht immer Sahne sein, die eine Sauce oder Suppe cremig macht. Die Pflanzensahne »Cuisine« von Alpro Soja wird aus Sojabohnen hergestellt, ist cholesterinfrei, enthält hochwertige pflanzliche Öle mit einem hohen Anteil an ungesättigten Fettsäuren und ist weitaus fettärmer (17 % Fett/100 g) als Sahne, Crème fraîche und Co. Erhältlich ist die Pflanzensahne »Cuisine« in Supermärkten bei den Sojamilchprodukten, die nicht im Kühlregal stehen.

Sahniges Hähnchenragout

Damit sind Sie auf der sicheren Seite, wenn Gäste kommen.

▶ Für 2 Personen

Gelingt leicht ⏲ **10 Min. + 20 Min. Garzeit**

10 Champignons · ½ Dose Mais (ca. 130 g) · 250 g Hähnchenbrust · 1 EL Rapsöl · Salz | Pfeffer, frisch gemahlen
1 – 2 TL gekörnte Brühe · 100 ml fettreduzierte Sahne (z. B. »Rama Cremefine«) · ½ Packung Estragon (tiefgekühlt)
Muskatnuss · 1 EL Weizenmehl (10 g) · 1 TL Zitronensaft

- Die Champignons mit einem feuchten Tuch abreiben und vierteln. Den Mais abtropfen lassen. Das Fleisch kalt abspülen, trocken tupfen und in feine Streifen schneiden. Die Champignons in der Hälfte des Öls scharf anbraten. Mit Salz und Pfeffer würzen und aus dem Topf nehmen.
- Das Wasser der Champignons, das beim Braten entstanden ist, auffangen. Das restliche Öl erhitzen und das Fleisch darin scharf anbraten, salzen und pfeffern. 200 ml Wasser in den Topf gießen, die Brühe darin auflösen und kurz aufkochen lassen.
- Nach 10 Min. auf mittlerer Flamme das Pilzwasser und die Sahne dazugeben und den Estragon hinzufügen. Mit den Gewürzen abschmecken, aufkochen lassen. Das Mehl mit wenig Wasser glatt rühren und in die Sauce rühren. Mais, Champignons und den Zitronensaft in die Sauce geben und heiß werden lassen.

▶ Das passt dazu

Kartoffelpüree oder Bandnudeln und Gurkensalat.

Nährwerte pro Portion

580 kcal / 41 g E / 19 g F / 62 g KH / 9 g Ba / 3,7 BE / 5 KE
150 mg Chol.

Hähnchenkeulen mit Knoblauch und Honig

Die Hähnchenkeulen sind fix zubereitet und brutzeln von selbst.

▶ Für 2 Personen

Gelingt leicht ⏲ **10 Min. + 20 – 30 Min. Garzeit**

2 Hähnchenkeulen (ca. 400 g) · 2 Knoblauchzehen
1 EL Honig (10 g) · Salz | Pfeffer, frisch gemahlen
Paprikapulver

- Den Grill oder Backofen auf 180 Grad (Gas Stufe 2 bis 3, Umluft 160 Grad) vorheizen. Die Hähnchenbeine kalt abspülen, trocken tupfen und die Haut 2- bis 3-mal mit einem Messer quer einschneiden. In eine Auflaufform oder direkt auf das Gitter des Backofens legen.
- Die Knoblauchzehen abziehen und pressen oder fein hacken. Knoblauch, Honig, Salz, Pfeffer und Paprikapulver mit etwas Wasser zu einer sämigen Marinade rühren. Die Hähnchenschenkel mit der Marinade von allen Seiten gut einpinseln.
- Die Hähnchenkeulen auf der mittleren Schiene im Backofen etwa 20 – 30 Min. grillen. Zwischendurch 2-mal wenden und dabei mit der restlichen Marinade einpinseln.

▶ Das passt dazu

Curryreis oder Backkartoffeln und ein bunter Salat.

Nährwerte pro Portion

280 kcal / 27 g E / 17 g F / 4 g KH / 4 g Zucker / 0 g Ba
0,33 BE / 0,4 KE / 110 mg Chol.

Putenschaschlik

Nicht nur die Kleinen werden Sie für diese Spieße lieben. Fruchtig zart und mit einer köstlichen Sauce.

▶ Für 2 Personen

Gelingt leicht 15 Min. + 20 Min. Garzeit

200 g Putenbrustfilet · 1 rote Paprikaschote · 1 mittelgroße Zucchini · 2 Zwiebeln · 2 EL Sonnenblumenöl · Salz | Pfeffer, frisch gemahlen · Paprikapulver · 1 kleine Dose Tomatenstücke (ca. 400 g) · 1 TL eingelegter grüner Pfeffer · 4 EL eingelegte rote Paprikastreifen · flüssiger Süßstoff nach Geschmack · 1 – 2 TL gekörnte Gemüsebrühe · 1 EL Weizenmehl (10 g)

- Das Fleisch kalt abspülen, trocken tupfen und in Würfel schneiden. Paprikaschote und Zucchini putzen. Beides würfeln. Die Zwiebeln abziehen und vierteln.
- 1 Esslöffel Öl mit Salz, Pfeffer und Paprikapulver verrühren. Fleisch, Paprika, Zucchini und Zwiebeln im Wechsel auf den Spieß stecken. Anschließend die Gewürzmarinade aufstreichen.
- Die Spieße im restlichen Öl von jeder Seite scharf anbraten und auf mittlerer Flamme weitere 5 – 8 Min. braten. Spieße herausnehmen und die Tomaten zum Bratfett geben. Kurz aufkochen lassen und zerdrücken.
- Die Pfefferkörner und die eingelegten abgetropften Paprikastreifen dazugeben und auf mittlerer Stufe köcheln lassen. Mit den Gewürzen abschmecken. Die Fleischspieße zurück in die Sauce geben und alles bei geschlossenem Deckel weitere 5 – 8 Min. köcheln.
- Die Spieße aus der Sauce nehmen, das Mehl mit wenig Wasser verrühren und in die kochende Sauce geben.

Nährwerte pro Portion

290 kcal / 29 g E / 12 g F / 17 g KH / 7 g Ba / 0,5 BE / 0,5 KE
60 mg Chol.

Kalbsgeschnetzeltes

Klassisch und gut – das Kalbsgeschnetzelte gehört einfach ins Küchenrepertoire.

▶ Für 2 Personen

Gelingt leicht 10 Min. + 30 Min. Garzeit

2 Zwiebeln · 1 Knoblauchzehe · 300 g Kalbfleisch (Brust oder Schulter) · 1 EL Maiskeimöl · Salz | Pfeffer, frisch gemahlen Paprikapulver · ½ TL Majoran · ½ TL Thymian · 100 ml trockener Weißwein · 1 – 2 TL gekörnte Fleischbrühe · 100 g Joghurt · 1 EL Weizenmehl (10 g) · ½ Bund Schnittlauch

- Die Zwiebeln und die Knoblauchzehe abziehen, die Zwiebel in feine Würfel schneiden, die Knoblauchzehe fein hacken. Das Fleisch kalt abspülen, trocken tupfen und in 3 cm große Würfel schneiden. Das Fleisch im heißen Öl scharf anbraten.
- Die Zwiebeln und den Knoblauch zufügen und unter Rühren mit braten. Mit Salz, Pfeffer, Paprikapulver und den Kräutern würzen. Mit Weißwein und 100 ml Wasser aufgießen und die Fleischbrühe im Fond auflösen. Mit geschlossenem Deckel auf mittlerer Flamme etwa eine ½ Stunde schmoren. Dabei ab und zu umrühren.
- Den Joghurt mit dem Mehl glatt rühren und in die Sauce geben. Achtung: Danach nicht mehr aufkochen, damit der Joghurt nicht gerinnt. Noch einmal mit den Gewürzen abschmecken.
- Den Schnittlauch abspülen und in feine Röllchen schneiden. Die Hälfte davon direkt zum Fleisch geben, die restlichen Schnittlauchröllchen vor dem Servieren über das Kalbsgeschnetzelte streuen.

Nährwerte pro Portion

325 kcal / 33 g E / 12 g F / 5 g Alk / 12 g KH / 2 g Ba / 0,7 BE
0,8 KE / 110 mg Chol

Budapester Paprikagulasch

Original ungarisch schmeckt das Gulasch mit zweierlei Paprikapulver, reichlich Paprikaschoten und Zwiebeln.

▶ Für 2 Personen
BE/KE-frei ⏲ 10 Min. + 70 Min. Garzeit

- 4 Zwiebeln
- 2 grüne Paprikaschoten
- 2 rote Paprikaschoten
- 300 g mageres Schweinefleisch (z. B. aus der Schulter)
- 1 EL Sonnenblumenkernöl
- 1 TL edelsüßes Paprikapulver
- 1 TL gekörnte Fleischbrühe
- Salz | Pfeffer, frisch gemahlen
- 2 EL Tomatenmark
- 1 TL scharfes Paprikapulver

- Die Zwiebeln abziehen und achteln. Die Paprikaschoten putzen, abspülen und würfeln. Das Fleisch kalt abspülen, trocken tupfen und in Würfel schneiden. Das Fleischwürfel von allen Seiten scharf im Öl anbraten. Mit etwas Paprikapulver bestäuben.
- Sobald sich etwas Faser am Topfboden absetzt, ein wenig Wasser angießen und diesen Schmorvorgang 2-mal wiederholen. Zwiebeln und Paprika zugeben und das Fleisch noch einmal kurz anschmoren. So viel Wasser auffüllen, dass Fleisch und Gemüse bedeckt sind.
- Die gekörnte Brühe in der Kochflüssigkeit auflösen und das Fleisch auf kleiner Stufe etwa 1 Stunde garen. Die Sauce mit Salz, Pfeffer, Tomatenmark und beiden Sorten Paprikapulver abschmecken.

▶ Das passt dazu

Kartoffelpüree oder Nudeln und Blattsalat – eine leckere und vitaminreiche Mahlzeit.

Tipp

Wenn Ihnen die Sauce zum Gulasch nicht dick genug ist, können Sie noch etwas Tomatenmark einrühren oder die Zwiebeln und Paprikaschoten in der Sauce mit einem Pürierstab sämig pürieren.

Nährwerte pro Portion

370 kcal / 39 g E / 15 g F / 20 g KH / 13 g Ba / 0 BE / 0 KE / 105 mg Chol.

SO WIRD'S GEMACHT

Kleinere Portionsgrößen

In der eiweißreduzierten oder eiweißarmen Küche fallen Fleischportionen häufig etwas kleiner aus, da Fleisch sehr eiweißreich ist. Aber zum Glück haben wir Augen, die jedes Mal, wenn wir am Tisch sitzen, mitessen. Fleischspieße, Gulasch oder Ragout geben Ihnen das Gefühl, eine normal große Fleischportion auf dem Teller zu haben. Durch die Kombination mit eiweißarmem Gemüse vergrößern Sie Ihre Portion, ohne das Gefühl zu haben, verzichten zu müssen. Da freut sich Ihr Gaumen – und Ihre Nieren.

Rosmarinkartoffeln

Ob zum Schmortopf oder zu gegrilltem Fisch – die beste und einfachste Art, Kartoffeln zuzubereiten.

▶ Für 2 Personen

Gelingt leicht ⏲ **5 Min. plus 30 Min. Garzeit**

350 g junge, kleine Kartoffeln · 2 EL Olivenöl · etwas grobes Meersalz · 3 Zweige Rosmarin

- Die Kartoffeln unter fließendem Wasser gründlich abbürsten und 15 bis 20 Min. gar kochen. Anschließend gut abtropfen lassen. Das Olivenöl in einer beschichteten Pfanne erhitzen und die Kartoffeln hineingeben.
- Etwas grobes Meersalz hinzufügen. Das Rosmarin abspülen, trocken schütteln, die Nadeln von den Zweigen zupfen und mit den Kartoffeln anbraten. Wenn die Kartoffeln goldgelb sind, können sie serviert werden.

Tipp

Rosmarinkartoffeln sind eine willkommene Abwechslung zu Bratkartoffeln oder Pommes frites. Besonders aromatisch schmecken sie aus jungen, kleinen Kartoffeln, die Drillinge genannt werden. Sehr gut passen sie zu mediterranen Gerichten wie Ratatouille, Zucchini-Hackpfanne oder Steak mit Salat.

Nährwerte pro Portion

210 kcal / 4 g E / 10 g F / 26 g KH / 4 g Ba / 2 BE / 2,5 KE
0 mg Chol.

BEILAGEN

Papas araguadas

Original kanarische Kartoffeln mit roter und grüner Mojo – ideal als Beilage zu gegrilltem Fisch.

▶ Für 2 Personen

Preisgünstig ⏲ **15 Min. + 30 Min. Garzeit**

8 hühnereigroße Kartoffeln (550 g) · 100 g grobes Meersalz

Für die rote Mojosauce: 1 rote Paprikaschote · 1 TL Paprikapulver · 2 Knoblauchzehen · ½ kleine rote frische Chilischote etwas Meersalz · frisch gemahlener Pfeffer · Prise Kreuzkümmel · 3 EL Rotweinessig · 1 EL Olivenöl

Für die grüne Mojosauce: 1 grüne Paprikaschote · 1 Bund frische Blattpetersilie · ½ Bund frischer Koriander · 1 grüne Paprikaschote · 2 Knoblauchzehen · etwas Meersalz · frisch gemahlener Pfeffer · 3 EL Rotweinessig · 1 EL Olivenöl

- Die Kartoffeln gründlich waschen und in einem Topf gerade mit Wasser bedecken. Das Meersalz darüber streuen und 30–35 Min. kochen. Zwischendurch den Topf immer wieder schütteln. Anschließend den Deckel vom Topf nehmen und die Kartoffeln so lange kochen, bis das Wasser komplett verdunstet ist.
- Die Paprikaschoten putzen, waschen und sehr fein schneiden. Die kleine Chilischote waschen, längs halbieren und die Kerne herauskratzen. Kräuter waschen, trocknen und fein hacken. Knoblauchzehen abziehen, fein hacken. Die Zutaten der jeweiligen Sauce in einen Mixer geben und kräftig durchmixen, noch einmal abschmecken.

Nährwerte pro Portion

298 kcal / 7 g E / 11 g F / 45 g KH / 12 g Ba / 3,4 BE / 4,2 KE
0 mg Chol.

◀ Papas araguadas.

Kartoffelknödel

Omas Klassiker zum Sonntagsbraten.

▶ Für 2 Personen

Braucht etwas mehr Zeit ⏲ **15 Min. + 40 Min. Garzeit**

500 g Kartoffeln · Salz · 2 Eier · 2 EL Kartoffelstärke (20 g) Kartoffel-Jodsalz · Muskatnuss · 1 EL Butter

- Die Kartoffeln schälen, abspülen und klein schneiden. In Salzwasser etwa 20 bis 25 Min. gar kochen. Abgießen und im Topf ausdämpfen lassen. Anschließend durch die Kartoffelpresse drücken.
- Die Eier untermischen und die Kartoffelstärke zugeben. So lange kneten, bis ein geschmeidiger Teig entstanden ist. Mit Kartoffel-Jodsalz und Muskat abschmecken und die Butter unter den Teig kneten.
- In einem großen Topf Salzwasser zum Kochen bringen. Aus dem Kartoffelteig Knödel formen. Sobald das Wasser kocht, die Hitze herunterschalten und die Knödel in den Topf geben. 15 bis 20 Min. ziehen lassen. Wenn die Knödel an der Wasseroberfläche schwimmen, sind sie gar. Mit einer Schaumkelle aus dem Wasser nehmen und als Beilage reichen.

Tipp

Knödel sind zur Resteverwertung bestens geeignet. Ganz einfach in Scheiben schneiden, braten und dazu frisches Apfelmus – lecker!

Nährwerte pro Portion

335 kcal / 13 g E / 11 g F / 46 g KH / 6 g Ba / 3,5 BE / 4,5 KE
250 mg Chol.

Herzoginkartoffeln

Eine herrliche Kartoffelbeilage, perfekt zu Braten!

▶ Für 2 Personen

Braucht etwas mehr Zeit ⏱ 20 Min. + 20 Min. Garzeit

400 g Kartoffeln (mehlig kochend) · 2 Eigelb · Kartoffel-Jodsalz · 1 EL Butter

- Die Kartoffeln schälen, abspülen, klein schneiden und gar kochen. Die Kartoffeln stampfen und in einer Schüssel mit Eigelb, Kartoffel-Jodsalz und der Butter zu einem geschmeidigen Teig verarbeiten.
- Den Backofen auf 180 Grad (Gas Stufe 2 bis 3, Umluft 160 Grad) vorheizen. Ein Backblech mit Backpapier auslegen oder eine Silikonbackunterlage ausbreiten.
- Einen Spritzbeutel (große Sterntülle) mit der Kartoffelmasse füllen und kleine Rosetten auf das Blech setzen. Auf der obersten Schiene im Backofen in etwa 5–8 Min. goldgelb backen.

Tipp

Herzoginkartoffeln – auch Pommes Duchesse genannt – passen sehr gut zu Gerichten mit Sauce, wie z. B. Gulasch, Braten oder Medaillons mit Champignonsauce. Sie saugen sich schön voll und sind dabei fettärmer als Kroketten.

Nährwerte pro Portion

250 kcal / 7 g E / 11 g F / 30 g KH
5 g Ba / 2,5 BE / 3 KE / 265 mg Chol.

Kartoffelpüree mit Schuss

Eine herzhafte Variante Kartoffelpüree zuzubereiten.

▶ Für 2 Personen

Preisgünstig ⏱ 10 Min. + 25 Min. Garzeit

350 g Kartoffeln (mehlig kochend) 75 ml fettreduzierte Sahne (z. B. »Cuisine« von Alpro) · 3 EL Meerrettich · Kartoffel-Jodsalz · 1 Kästchen Kresse · Salz

- Die Kartoffeln schälen, abspülen und klein schneiden. In Salzwasser etwa 20 bis 25 Min. gar kochen. Die fertig gekochten Kartoffeln abgießen und – ganz wichtig – kurz im Topf ausdämpfen lassen. Anschließend mit einem Kartoffelstampfer zerdrücken.
- Die Kartoffelmasse mit der Sahne und dem Meerrettich mischen. Mit etwas Kartoffel-Jodsalz abschmecken. Die Kresse mit einer Schere abschneiden und das Kartoffelpüree vor dem Servieren mit Kresse garniert servieren.

▶ Das passt dazu

Gulasch oder auch lecker mit gekochten Karotten gemischt.

Nährwerte pro Portion

180 kcal / 4 g E / 5 g F / 29 g KH
5 g Ba / 2 BE / 2,5 KE / 15 mg Chol.

Curry-Zwiebel-Reis

So kommt Farbe an den Reis.

▶ Für 2 Personen

Preisgünstig ⏱ 5 Min. + 20 Min. Garzeit

Salz · 1 EL Curry · 80 g Parboiled Reis 6 Zwiebeln · 1 EL Butter

- 160 ml Wasser in einem Topf aufkochen, etwas Salz zugeben und Curry in die Flüssigkeit rühren. Den Reis in das kochende Wasser geben und auf kleiner Flamme etwa 10 Min. ausquellen lassen.
- Die Zwiebeln abziehen, halbieren und in Scheiben schneiden. Die Zwiebelscheiben nach 10 Min. zum Reis geben und mit geschlossenem Deckel weitere 10 Min. garen. Zuletzt die Butter untermischen. Zum Servieren den Reis in eine Tasse füllen, fest andrücken und auf einen Teller stürzen.

▶ Das passt dazu

Pikantes vegetarisches Gulasch (S. 85).

Nährwerte pro Portion

225 kcal / 5 g E / 5 g F / 40 g KH
4 g Ba / 2 BE / 2,5 KE / 10 mg Chol.

Karottenreis

Eine prima Methode, die Kohlenhydratmenge zu reduzieren.

▶ Für 2 Personen

Preisgünstig ⏲ **30 Min.**

1 EL gekörnte Gemüsebrühe
120 g Vollkornreis · 2 Karotten
frischer Kerbel

- 250 ml Wasser zusammen mit der Gemüsebrühe in einem Topf aufkochen. Den Reis in das kochende Wasser geben, auf kleiner Flamme etwa 15 Min. ausquellen lassen. Die Karotten schälen und grob reiben.
- Nach der Hälfte der Garzeit die Karotten zum Reis geben und mit geschlossenem Deckel weitere 15 Min. garen. Den Kerbel abspülen, trocken schütteln und von den Stielen zupfen. Den Reis vor dem Servieren mit dem Kerbel bestreuen.

▶ Das passt dazu

Deftige Fleischgerichte wie Schweinebraten, auch lecker zu Putengeschnetzeltem.

Nährwerte pro Portion

250 kcal / 6 g E / 2 g F / 52 g KH / 7 g Ba / 3 BE / 4 KE / 0 mg Chol.

Chinakohl mit Apfel

Besonders zart und französisch angehaucht – lecker!

▶ Für 2 Personen

Geht schnell ⏲ **10 Min.**
+ 15 Min. Garzeit

1 kleiner Kopf Chinakohl · 2 Zwiebeln
1 mittelgroßer Apfel (150 g) · 1 EL Apfelessig · 1 EL Rapsöl · 50 ml trockener Weißwein · 1 – 2 TL gekörnte Gemüsebrühe · Pfeffer, frisch gemahlen · Kräuter-Jodsalz

- Chinakohl halbieren, vierteln und in mitteldicke Streifen schneiden. Gründlich abspülen und gut abtropfen lassen. Die Zwiebeln abziehen und würfeln. Den Apfel schälen, vom Kerngehäuse befreien und in Stücke schneiden.
- Apfel mit dem Essig beträufeln. Den Chinakohl im Öl anschwitzen. Die Zwiebelwürfel zugeben und 5 Min. mit andünsten. Mit 100 ml Wasser und dem Weißwein angießen, mit der Gemüsebrühe würzen und 5 Min. garen.
- Apfelstücke zum Gemüse in den Topf geben. Alles bei geschlossenem Deckel 5 – 8 Min. auf kleiner Flamme gar ziehen lassen. Mit etwas Pfeffer und evtl. etwas Kräuter-Jodsalz abschmecken.

Nährwerte pro Portion

150 kcal / 4 g E / 6 g F / 3 g Alk
14 g KH / 7 g Ba / 0,7 BE / 0,8 KE
0 mg Chol.

Süß-saures Krautgemüse

Zu deftigem Gemüse schmecken Kartoffelpüree und Gulasch.

▶ Für 2 Personen

Braucht etwas mehr Zeit ⏲ **10 Min.**
+ 70 Min. Garzeit

1 kleiner Weißkohl · 2 Zwiebeln · 1 EL Rapsöl · 1 EL Zucker (10 g) · 1 EL gekörnte Gemüsebrühe · Salz | Pfeffer, frisch gemahlen · 1 EL Weißweinessig

- Den Weißkohl vierteln und den Strunk herausschneiden. Den Kohl in mitteldicke Streifen schneiden und gründlich abspülen. Die Zwiebeln abziehen und würfeln. Das Öl erhitzen und den Zucker darin leicht bräunen. Die Zwiebelwürfel dazugeben und kurz dünsten.
- Den geschnittenen Kohl hinzufügen. 250 ml Wasser mit der Gemüsebrühe mischen und in den Topf gießen. Mit wenig Salz und Pfeffer würzen. Bei kleiner Hitze etwa 1 Stunde garen. Zum Schluss mit dem Essig abschmecken.

Nährwerte pro Portion

180 kcal / 6 g E / 6 g F / 25 g KH
davon 5 g Zucker / 13 g Ba / 0,5 BE
0,5 KE / 0 mg Chol.

Auberginen mit Pfefferminzbutter

Auberginen eignen sich prima zum Grillen und sind dazu BE/KE-anrechnungsfrei.

▶ Für 2 Personen

BE/KE-frei **30 Min. + 10 Min. Garzeit**

2 kleine Auberginen · Zitronensaft · Kräuter-Jodsalz · 1 Zwiebel · 2 EL Butter · 1 Beutel Pfefferminztee · Paprika · Pfeffer, frisch gemahlen

- Die Auberginen putzen, abspülen und in dicke Scheiben schneiden. Auberginen mit Zitronensaft beträufeln und mit wenig Kräuter-Jodsalz bestreuen. Etwa 20 Min. ziehen lassen.
- Die Zwiebel abziehen und ganz fein würfeln. Die Butter in eine kleine Schale geben. Den Pfefferminzbeutel aufschneiden und die Hälfte des Inhalts zur Butter geben. Dann die Zwiebelwürfel und Gewürze unter die Pfefferminzbutter kneten.
- Die Auberginenscheiben 5 Min. in der Mikrowelle vorgaren, anschließend mit der Pfefferminzbutter bestreichen und auf dem Holzkohlen- oder Elektrogrill von beiden Seiten grillen.

Nährwerte pro Portion

130 kcal / 4 g E / 9 g F / 8 g KH / 8 g Ba / 0 BE
0 KE / 25 mg Chol.

Grillchampignons

Die Grillchampignons lassen sich super vorbereiten.

▶ Für 2 Personen
BE/KE-frei ⏲ 15 Min.
+ 1 Std. Ziehzeit

500 g mittelgroße Champignons
Zitronensaft · Knoblauch-Jodsalz
Pfeffer, frisch gemahlen · 1 Packung italienische Kräuter (tiefgekühlt)
2 EL Olivenöl

- Die Champignons mit einem feuchten Tuch abreiben und den Stiel entfernen. Champignons mit wenig Zitronensaft beträufeln und mit Knoblauch-Jodsalz, Pfeffer und den tiefgekühlten, italienischen Kräutern mischen.
- Das Öl zugeben und die Champignons in der Marinade etwa 1 Stunde ziehen lassen. Anschließend abgetropft im Ofen auf der obersten Schiene etwa 5 bis 8 Min. grillen.

Nährwerte pro Portion
125 kcal / 7 g E / 10 g F / 2 g KH
5 g Ba / 0 BE / 0 KE / 0 mg Chol.

Bunte Gemüsespieße

Die Spieße sind ein ideales Gemüse für den Kindergeburtstag.

▶ Für 2 Personen
BE/KE-frei ⏲ 10 Min.
+ 10 Min. Garzeit

1 Zwiebel · 1 gelbe Paprikaschote
1 kleine Zucchini · 6 kleine Champignonköpfe · 6 Kirschtomaten · 2 EL Olivenöl · Gemüse-Jodsalz · Pfeffer, frisch gemahlen · 1 Prise Paprikapulver · 4–6 Holzspieße

- Die Zwiebel abziehen und vierteln. Paprikaschote und Zucchini putzen und abspülen. Die Zucchini 2-mal längs halbieren und in Würfel schneiden. Die Paprikaschote in gleich dicke Stücke schneiden. Champignons mit einem feuchten Tuch abreiben und die Kirschtomaten abspülen.
- Die Zwiebelviertel, Paprika- und Zucchinistücke in der Mikrowelle bei 700–800 Grad 1–2 Min. vorgaren (bzw. im Backofen ca. 5 Min. bei 180 Grad, Gas Stufe 2–3). Das Öl mit den Gewürzen anrühren und das Gemüse im Wechsel auf die Spieße stecken.
- Die Spieße von allen Seiten mit dem Gewürzöl einpinseln. Entweder grillen oder in der Pfanne von allen Seiten etwa 8–10 Min. bei mittlerer Hitze garen.

Nährwerte pro Portion
125 kcal / 4 g E / 10 g F / 5 g KH
5 g Ba / 0 BE / 0 KE / 0 mg Chol.

Apfel-Zwiebel-Gemüse

Ein gutes Wintergemüse – sehr herzhaft.

▶ Für 2 Personen
Preisgünstig ⏲ 10 Min.
+ 15 Min. Garzeit

3 dicke Gemüsezwiebeln · 1 kleiner Apfel (100 g) · 1 EL Weißweinessig
1 EL Butter · 100 ml trockener Weißwein · Salz | Pfeffer, frisch gemahlen

- Die Zwiebeln abziehen und vierteln. Den Apfel schälen, vierteln, vom Kerngehäuse befreien und mit Essig beträufeln. Die Apfelviertel in kleine Stücke schneiden. Die Butter in einem Topf erhitzen und die Zwiebelstücke darin anbraten.
- Etwas Wasser und 100 ml Weißwein angießen und die Zwiebeln etwa 10 Min. mit halb geöffnetem Deckel garen. Nach dieser Zeit die Apfelstücke zugeben. Weitere 5 Min. köcheln lassen und mit Salz und Pfeffer abschmecken.

▶ **Das passt dazu**
Lecker zu Fischgerichten und Salzkartoffeln.

Nährwerte pro Portion
180 kcal / 4 g E / 5 g F / 5 g Alk
21 g KH / 6 g Ba / 0,5 BE / 0,5 KE
10 mg Chol.

Gebratene Artischocken mit Kirschtomaten

Eine Luxusbeilage, die prima auch zu Spaghetti passt
oder einfach nur mit frischem italienischem Weißbrot.

▶ Für 2 Personen
BE/KE-frei
10 Min. + 10 Min. Garzeit

6 kleine spitze Artischocken
2 Knoblauchzehen
2 EL Olivenöl
Salz | Pfeffer, frisch gemahlen
1 Spritzer Zitronensaft
20 Kirschtomaten
2 EL brauner Balsamico-Essig

- Die Artischocken wie in der Anleitung unten vorbereiten.
- Das Olivenöl in einer Pfanne erhitzen, Artischockenviertel darin anbraten. Salzen, pfeffern und einen Spritzer Zitronensaft zugeben.
- 5 Min. braten, in der Zwischenzeit die Kirschtomaten waschen. Dazugeben und mit Balsamico abschmecken. Weitere 3 – 5 Min. garen.

▶ Das passt dazu
Sehr lecker zu frischem Baguette und gebratener Putenbrust.

Nährwerte pro Portion
120 kcal / 3 g E / 10 g F / 4 g KH / 11 g Ba / 0 BE / 0 KE / 0 mg Chol.

SO WIRD'S GEMACHT

Ganz leicht: Artischocken zubereiten

1. Den Stiel der Artischocken mit einem scharfen Messer knapp abschneiden.
2. Die äußeren harten Blätter entfernen, bis der Artischockenboden fast frei ist.
3. Mit einem Messer die oberen Blattspitzen kürzen.
4. Die Artischocken vierteln und wenn Heu vorhanden ist, dieses herauszupfen.

1

2

3

4

Wirsinggemüse mit Thymian und Aprikosen

Feiner Thymian und die Süße der Aprikosen machen das Gericht zu einem ganz ungewöhnlichen Gemüse.

▶ Für 2 Personen

Preisgünstig ⏲ **10 Min. + 30 Min. Garzeit**

1 kleiner Wirsingkopf · 2 Zwiebeln · 1 EL Maiskeimöl · Salz | Pfeffer, frisch gemahlen · 2 Thymianzweige · 4 Trockenaprikosen (ca. 50 g)

- Den Wirsing putzen, in grobe Stücke schneiden und abspülen. Die Zwiebeln abziehen und in mittelgroße Würfel schneiden. Das Öl erhitzen und die Zwiebeln mit dem geschnittenen Wirsing darin anschwitzen. Etwas Wasser zugießen, mit Salz und Pfeffer würzen und die Thymianzweige dazugeben.
- Den Wirsing mit geschlossenem Deckel etwa 15 Min. bei mittlerer Hitze garen. In der Zwischenzeit die Aprikosen würfeln und zum Gemüse geben. Weitere 10 bis 15 Min. garen. Noch einmal mit den Gewürzen abschmecken und servieren.

▶ Variante

Anstelle von Wirsing können Sie auch Chinakohl, Kohlrabi oder fein geschnittenen Weißkohl verwenden.

Nährwerte pro Portion

145 kcal / 7 g E / 6 g F / 20 g KH / 9 g Ba / 1 BE / 1 KE
0 mg Chol.

Radicchio française

Radicchio ist sehr kalorienarm, dafür reich an Kalium und Phosphor.

▶ Für 2 Personen

Braucht etwas mehr Zeit ⏲ **10 Min. + 20 Min. Garzeit**

2 kleine Radicchioköpfe · 1 kleine unbehandelte Orange (150 g) · 2 Schalotten · frischer Koriander · Salz | Pfeffer, frisch gemahlen · 1 TL Rapsöl

- Den Backofen auf 180 Grad (Gas Stufe 2 – 3, Umluft 160 Grad) vorheizen. Radicchio putzen und die Köpfe vierteln. Die Orange heiß abspülen und halbieren. Die eine Hälfte in hauchdünne Scheiben schneiden und die andere Hälfte auspressen. Die Schalotten abziehen und fein schneiden.
- Den Koriander abspülen, trocken schütteln und zupfen. Radicchio, die Orangen und Schalotten auf den Boden der Form legen. Etwas Wasser, Salz und Pfeffer zugeben, sodass sie zur Hälfte bedeckt sind.
- Das Ganze etwa 15 – 20 Min. im Ofen auf mittlerer Schiene garen, dann gut abtropfen lassen. Den Radicchio mit den Schalotten- und Orangenscheiben garnieren. Öl und Orangensaft mischen und darüber träufeln. Mit Koriander bestreut servieren.

▶ Das passt dazu

Spaghetti mit Meeresfrüchten in Knoblauchöl.

Nährwerte pro Portion

95 kcal / 2 g E / 5 g F / 10 g KH / 3 g Ba / 0,5 BE / 0,5 KE
0 mg Chol.

Eiermilch für Aufläufe und Gratins

Ganz gleich ob Kartoffel- oder Nudelgratin – die Eiermilch lässt sich prima variieren.

▶ Für 2 Personen

Preisgünstig 5 Min. + 30 Min. Garzeit

1 Becher saure Sahne (150 g) · 100 ml fettarme Milch · 2 Eier · 1 TL gekörnte Gemüsebrühe · frisch gemahlener Pfeffer · geriebene Muskatnuss

- Aus saurer Sahne, Milch und Eiern einen Guss rühren, mit etwas gekörnter Gemüsebrühe, Pfeffer und geriebener Muskatnuss abschmecken.
- Den Guss über Kartoffeln, Nudeln oder Gemüse in einer Auflaufform gießen und je nach Menge 20 – 30 Min. stocken lassen.

Nährwerte pro Portion

205 kcal / 12 g E / 15 g F / 5 g KH / 0 g Ba
0,2 BE / 0,2 KE / 270 mg Chol.

Béchamelsauce

Diese Sauce ist ein Allroundtalent und passt nicht nur zu Gemüse.

▶ Für 2 Personen

Geht schnell 8 Min.

1 TL Margarine oder Butter (5 g) · 2 EL Weizenmehl (20 g) · 300 ml fettarme Milch · Salz · Muskatnuss

- Margarine oder Butter schmelzen lassen. Mit einem Schneebesen das Mehl zügig einrühren und eine goldgelbe Mehlschwitze anrühren.
- In kleinen Mengen die Milch in den Topf gießen und bei schwacher Hitze 5 Min. köcheln, bis die Sauce angedickt ist. Mit wenig Salz und Muskat abschmecken.

▶ Das passt dazu

Lecker zu Leipziger Allerlei, Lauchgemüse und auch zu Fleisch- und Geflügelragout.

Nährwerte pro Portion

130 kcal / 6 g E / 5 g F / 15 g KH
0 Ba / 1,1 BE / 1,3 KE / 10 mg Chol.

Tomatensauce

Diese Tomatensauce passt zu Pasta, Fleisch und in Aufläufe.

▶ Für 2 Personen

BE/KE-frei 5 Min.

1 EL Olivenöl · 1 Knoblauchzehe 100 ml Tomatensaft · 100 ml Wasser 1 Spritzer brauner Balsamico-Essig etwas Kräuter-Jodsalz · etwas frisch gemahlener Pfeffer · 1 Spritzer flüssiger Süßstoff · 1 – 2 Tropfen roter Tabasco

- Das Öl in einem Topf erhitzen. Die Knoblauchzehe abziehen und fein hacken, ins heiße Öl geben und kurz rösten.
- Mit Tomatensaft und Wasser ablöschen und aufkochen lassen. Mit den Gewürzen abschmecken und für Nudeln, Hackfleisch und Co. weiter verwenden.

Nährwerte pro Portion

30 kcal / 0 g E / 3 g F / 1 g KH / 1 g Ba
0 BE / 0 KE / 0 mg Chol.

Käse-Sahne-Sauce

Diese Sauce lässt sich auch prima in eine Suppe umwandeln.

▶ Für 2 Personen

Gut vorzubereiten 10 Min.

150 ml fettarme Milch · 50 ml fettreduzierte Sahne · 50 g Schmelzkäse (15 % Fett absolut) · 1 TL gekörnte Gemüsebrühe · etwas frisch gemahlener Pfeffer · 1 EL Weizenmehl (10 g)

- Milch und Sahne in einen Topf geben, aufkochen lassen und den Schmelzkäse einrühren. Mit einem Schneebesen gut verrühren, bis sich der Käse komplett in der Sahnemilch gelöst hat.
- Mit gekörnter Gemüsebrühe und Pfeffer abschmecken und aufkochen. Das Mehl mit wenig Wasser glatt rühren und in die kochende Flüssigkeit gießen, umrühren und noch einmal aufkochen – fertig.

Nährwerte pro Portion

145 kcal / 10 g E / 8 g F / 8 g KH
0 Ba / 0,5 BE / 0,6 KE / 15 mg Chol.

Kokosmilchreis mit Himbeermus

Milchreis mag es, in Kokosmilch gekocht zu werden – denn das macht ihn so schön cremig.

▶ Für 2 Personen

Gelingt leicht ⏲ **10 Min. + 30 – 40 Min. Garzeit**

300 ml Kokosmilch · 80 g Milchreis · ½ Zimtstange · 1 Prise Jodsalz · 1 – 2 EL Streusüße (z. B. »Canderel Streusüße«, oder »Feine Süße«) · 300 g Himbeeren

- Die Kokosmilch aufkochen, Milchreis, Zimtstange und Prise Salz zugeben. Den Reis auf keiner Flamme in 30 – 40 Min. ausquellen lassen. Dabei mehrmals mit einer Gabel umrühren, damit der Reis nicht klumpt oder anbrennt.
- Nach Ende der Garzeit die Zimtstange herausnehmen und mit der Streusüße abschmecken. Die Himbeeren putzen, waschen und 4 Himbeeren zur Seite legen. Die restlichen mit einem Pürierstab pürieren und falls nötig mit etwas Streusüße abschmecken. Den Milchreis in 2 Schälchen füllen und mit dem Himbeermus übergießen.

Nährwerte pro Portion

210 kcal / 5 g E / 1 g F / 45 g KH / 11 g Ba / 2,8 BE / 3,6 KE
0 mg Chol.

DESSERTS UND SÜSSSPEISEN

Erdbeermousse

Erdbeeren und Sahne verschmelzen zu einer feinen Mousse.

▶ Für 2 Personen

Preisgünstig ⏲ **25 Min. + 3 Std. Kühlzeit**

3 Blatt weiße Gelatine · 200 g Erdbeeren
flüssiger Süßstoff nach Geschmack · 100 ml fettreduzierte Sahne (z. B. »Rama Cremefine«)
50 g Magerquark · 1 TL gehackte Pistazienkerne

- Die Gelatine in kaltem Wasser 10 Min. einweichen. Die Erdbeeren abspülen, putzen und zur Hälfte in Scheiben schneiden. Die restlichen mit etwas Süßstoff pürieren. Die Sahne steif schlagen und kalt stellen.
- Gelatine gut ausdrücken und im Wasserbad auflösen. 5 Esslöffel vom Erdbeerpüree zügig in die Gelatine einrühren. Die Erdbeer-Gelatine-Masse zum Erdbeerpüree geben und gründlich unterrühren.
- Die Sahne mit der Erdbeercreme mischen, dann den Quark unterheben. Den Boden von 2 breiten Whiskey-Gläsern mit einem Teil der Creme füllen. Die Erdbeeren darauf verteilen und eine weitere Schicht Creme darübergeben. Mit Erdbeerscheiben garnieren und die Gläser 3 Stunden kalt stellen, dann mit Pistazien bestreuen.

Nährwerte pro Portion

150 kcal / 8 g E / 9 g F / 9 g KH / 2 g Ba / 0,5 BE
0,6 KE / 10 mg Chol.

Blitzeis

Das erste Eis, das nicht frieren muss und blitzschnell zubereitet ist.

▶ Für 2 Personen

Geht schnell 10 Min.

100 ml fettreduzierte Sahne bzw. Sprühsahne (Natreen) · 200 g fettarmer Joghurt · 200 g Sauerkirschen (tiefgekühlt) · etwas Zitronensaft
1 EL Streusüße (z. B. von Canderel)
2 Minzezweige

- Die kalte Sahne mit dem Handrührgerät auf höchster Stufe steif schlagen. Joghurt, Kirschen, Zitronensaft und Streusüße mit dem Pürierstab pürieren. Die geschlagene Sahne bzw. die fertige Sprühsahne (sie ist bereits gesüßt) unterheben und mit etwas Streusüße abschmecken.
- Die Minze abspülen und trocken schütteln. Entweder das Blitzeis direkt in Gläser füllen und mit der Minze garnieren oder in einer fest verschlossenen Schüssel eine ½ Stunde ins Gefrierfach stellen. Vor dem Portionieren kräftig durchrühren und mit ein paar Minzblättchen garniert servieren.

Tipp

Ganz wichtig, damit das Eis auch blitzschnell gefriert: Die Früchte müssen auf jeden Fall tiefgekühlt sein. Sofort nach dem Aufschlagen genießen oder kalt stellen.

Nährwerte pro Portion

200 kcal / 5 g E / 12 g F / 18 g KH
1 g Ba / 1 BE / 1,5 KE / 20 mg Chol.

Beerentraum

Dieses Traumdessert lässt sich schnell und einfach zubereiten.

▶ Für 2 Personen

Geht schnell 10 Min.

250 g Heidelbeeren · 300 g Magerquark · 2 EL fettreduzierter Frischkäse (max. 20 % Fett) · etwas Sprudelwasser · etwas Zitronensaft · flüssiger Süßstoff nach Geschmack · 1 EL Mandelblättchen

- Tiefgekühlte Heidelbeeren auf einem Sieb auftauen lassen (dabei den Saft auffangen), frische Heidelbeeren abspülen und verlesen. Den Quark mit dem Frischkäse mischen. Den aufgefangenen Heidelbeersaft in den Quark rühren. Je nach Konsistenz noch etwas Sprudelwasser zugeben. Mit Zitronensaft zu einer glatten Masse rühren und mit Süßstoff abschmecken.
- Die Mandelblättchen in einer beschichteten Pfanne ohne Fett goldgelb rösten und abkühlen lassen. Die Heidelbeeren mit dem Quark mischen. In 2 Gläser füllen und mit den Mandelblättchen garnieren.

▶ Variante

Sehr gut schmeckt der Beerentraum auch mit frischen Erdbeeren oder Himbeeren.

Nährwerte pro Portion

195 kcal / 23 g E / 4 g F / 16 g KH / 7 g Ba / 0,7 BE / 0,9 KE / 3 mg Chol.

Joghurtmousse mit Fruchtspiegel

Die Mousse ist perfekt für Gäste, da sie sich gut vorbereiten lässt.

▶ Für 2 Personen

Braucht etwas mehr Zeit 25 Min. + 2–3 Std. Kühlzeit

200 g Joghurt · 2 EL Zitronensaft · 1 EL Streusüße (z. B. »Canderel«) · 3 Blatt weiße Gelatine · 300 g Himbeeren
2 Minzezweige

- Den Joghurt mit dem Zitronensaft glatt rühren und mit Streusüße abschmecken. Die Gelatine in kaltem Wasser 10 Min. einweichen, gut ausdrücken und im Wasserbad auflösen. Dann 5 Esslöffel der Joghurtmasse einrühren und den restlichen Joghurt hinzufügen.
- Die Creme in 2 kleine Förmchen gießen, abdecken und für 2–3 Stunden kalt stellen. Die Himbeeren abspülen und verlesen, 4 Himbeeren beiseite legen. Die restlichen Früchte mit dem Pürierstab pürieren und, falls nötig, mit etwas Streusüße abschmecken. Die Minzezweige abspülen und trocken schütteln.
- Auf Tellern einen Fruchtspiegel gießen. Die Joghurtmousse vorsichtig aus den Förmchen lösen und auf den Fruchtspiegel setzen. Mit den Himbeeren, dem restlichen Himbeerpüree und Minze garnieren.

Nährwerte pro Portion

130 kcal / 8 g E / 4 g F / 15 g KH
10 g Ba / 1,2 BE / 1,5 KE / 15 mg Chol.

Mousse au Chocolat

Ein absoluter Dauerbrenner ist dieser Traum aus zart schmelzender Schokolade.

▶ Für 4 Personen

Braucht etwas mehr Zeit ⏲ **30 Min. + 8–10 Std. Kühlzeit**

4 Eier · 1 Tafel Zartbitterschokolade (100 g) · 1 EL Kokosfett ½ Fläschchen Rum-Aroma · 30 g Halbfettbutter · 2–3 EL Streusüße (z. B. »Canderel«) · 1 EL Mandelblättchen 1 TL Kakaopulver

- Die Eier trennen, das Eiklar zu steifem Schnee schlagen und kalt stellen. Die Schokolade in kleine Stücke brechen. In einem Topf Wasser zum Kochen bringen und die Schokolade im Wasserbad unter ständigem Rühren schmelzen, dann das Kokosfett zugeben. Sobald alles geschmolzen ist, sofort aus dem Wasserbad nehmen.
- Das Rum-Aroma und die Butter in die Schokolade rühren. Eigelb und die Streusüße mit dem Handrührgerät zu einer cremigen Masse schlagen. Die geschmolzene Schokoladen-Butter-Masse unterrühren. Zuletzt das Eiweiß vorsichtig und gleichmäßig unter die Masse ziehen.
- Die Mousse in eine saubere, verschließbare Schüssel füllen und über Nacht kalt stellen. Kurz vor dem Servieren die Mandelblättchen ohne Fett anrösten. Das Kakaopulver auf 4 Teller sieben. Mit 2 Löffeln Nocken aus der Mousse stechen und auf die Teller setzen. Mit den Mandelblättchen garniert servieren.

▶ Variante

Die Mousse schmeckt auch sehr gut mit weißer Schokolade!

Nährwerte pro Portion

285 kcal / 10 g E / 22 g F / 12 g KH / davon 11 g Zucker 1 g Ba / 1 BE / 1,2 KE / 240 mg Chol.

Echte Vanillecreme

Weltweit eines der bekanntesten Desserts: cremig leicht mit echter Vanille.

▶ Für 2 Personen

Braucht etwas mehr Zeit ⏲ **30 Min. + 3–4 Std. Kühlzeit**

1 Vanilleschote · 75 ml fettarme Milch · 75 ml fettreduzierte Sahne (z. B. »Cuisine« von Alpro) · 2 Blatt weiße Gelatine 1 Eigelb · 2 EL Streusüße (z. B. »Canderel«) · 1 EL rote Konfitüre (kalorienreduziert) · 1 EL gehackte Pistazien

- Die Vanilleschote aufschlitzen und das Mark herauskratzen. Milch und Sahne langsam erhitzen, Vanillemark zugeben und zum Kochen bringen. Vom Herd nehmen und 5 Min. ziehen lassen. Die Gelatine in kaltem Wasser 10 Min. einweichen.
- Das Ei trennen, Eiklar zu steifem Schnee schlagen und kalt stellen. Eigelb und Streusüße mit dem Handrührgerät cremig schlagen. Nach und nach in die Vanillemilch einrühren. Bei niedriger Temperatur unter ständigem Rühren erhitzen, bis die Mischung eindickt – nicht kochen lassen! Vom Herd nehmen, in ein sauberes Gefäß schütten und abkühlen lassen. Immer wieder umrühren, damit sich keine Haut bildet.
- Die Gelatine gut ausdrücken und im Wasserbad auflösen, dann 5 Esslöffel der Vanillecreme hineinrühren. Die Gelatine in die Vanillemasse rühren und kalt stellen. Sobald die Creme beginnt zu gelieren, den Eischnee unterheben und 3–4 Stunden abgedeckt im Kühlschrank erstarren lassen.
- Mit 2 Teelöffeln Nocken aus der Creme stechen und auf 2 Teller setzen. Die Konfitüre mit etwas lauwarmem Wasser glatt rühren und die Vanillecreme damit garnieren und mit den Pistazien bestreuen.

Nährwerte pro Portion

155 kcal / 6 g E / 12 g F / 5 g KH / 1 g Ba / 0,1 BE / 0,1 KE 130 mg Chol.

▶ Mousse au Chocolat.

Pfirsichsalat mit Pistazien

Schön erfrischend: am besten mit sehr reifen Pfirsichen zubereiten!

▶ Für 2 Personen

Geht schnell ⏲ **5 Min.**

2 mittelgroße Pfirsiche (ca. 250 g)
etwas Zitronensaft · flüssiger Süßstoff nach Geschmack · 1 EL gehackte Pistazienkerne

- Die Pfirsiche abspülen, entkernen und der Länge nach in Spalten schneiden. Mit Zitronensaft und wenig Süßstoff marinieren und fächerartig auf 2 Tellern anrichten. Zum Servieren mit den gehackten Pistazien bestreuen.

▶ Variante

Sie können anstelle von Pfirsichen auch Nektarinen oder feste Aprikosen verwenden.

Nährwerte pro Portion

80 kcal / 3 g E / 2 g F / 13 g KH
3 g Ba / 1 BE / 1 KE / 0 mg Chol.

Moccacreme

Mit der Creme aus Quark und Sahne werden Sie zum Dessertsprinter.

▶ Für 2 Personen

BE/KE-frei ⏲ **10 Min.**

50 ml starker Kaffee oder Espresso
250 g Magerquark · 50 g fettreduzierte Sahne (z. B. »Cuisine« von Alpro)
1 – 2 EL Streusüße (z. B. »Canderel«)
1 Msp. Kakaopulver

- Den Kaffee oder Espresso kochen und abkühlen lassen. Den Quark mit der Sahne glatt rühren. Die Streusüße und den erkalteten Kaffee mit dem Quark mischen und abschmecken. In 2 Gläser füllen und mit Kakaopulver bestreut servieren.

Tipp

Ein ideales Dessert für alle, die gerne Kaffee mögen. Dieses Dessert ist blitzschnell zubereitet. Wenn Sie es verfeinern oder abwandeln möchten, können Sie auch Bananenscheiben oder Sauerkirschen (ohne Zucker) und ein paar Schokoladenraspel zugeben.

Nährwerte pro Portion

130 kcal / 18 g E / 4 g F / 5 g KH
0 Ba / 0 BE / 0 KE / 5 mg Chol.

Rote Grütze

Eine Komposition aus Sauerkirschen und Beeren – himmlisch.

▶ Für 2 Personen

Gelingt leicht ⏲ **15 Min.**

100 g Heidelbeeren · 100 g Sauerkirschen · 100 g Himbeeren · 100 g Erdbeeren (alle tiefgekühlt, ohne Zuckerzusatz) · 120 ml Sauerkirschsaft, 100 % Frucht (ohne Zuckerzusatz)
2 EL Vanillepuddingpulver (30 g)
1 – 2 EL Streusüße (z. B. »Canderel«)
50 ml fettreduzierte Sahne · Minze

- Die Heidelbeeren abspülen und verlesen. Mit den restlichen Früchten in einen Topf geben. Kirschsaft dazugießen, vorher 5 Esslöffel abnehmen und das Puddingpulver damit glatt rühren. Das Obst mit dem Saft zum Kochen bringen und das angerührte Puddingpulver hineinrühren.
- So lange aufkochen lassen, bis die Mischung klar ist. Nach Geschmack mit etwas Streusüße abschmecken. Die gekühlte Sahne steif schlagen.
- Die rote Grütze etwas abkühlen lassen und in 2 Schälchen füllen. Die Sahne in einen Spritzbeutel geben und eine Rosette auf jede Grütze spritzen. Mit den Minzeblättchen garniert servieren.

Nährwerte pro Portion

210 kcal / 3 g E / 6 g F / 36 g KH
8 g Ba / 3 BE / 3,5 KE / 10 mg Chol.

Fruchtkaltschale

Der heißeste Sommertag wird so zu einer kühlen Erfrischung.

▶ Für 2 Personen

Geht schnell ⏲ **10 Min.**

300 g Beerenobst (tiefgekühlt, ohne Zucker) · flüssiger Süßstoff nach Geschmack · Zitronensaft · 500 ml Kefir
2 Minzezweige

- Das Beerenobst leicht antauen lassen und mit einem Pürierstab pürieren. Das Fruchtmus durch ein Sieb streichen und mit flüssigem Süßstoff und etwas Zitronensaft abschmecken. Kefir mit dem Obstpüree mischen, auf 2 Suppenteller aufteilen und mit frischer Minze garniert servieren.

Nährwerte pro Portion

185 kcal/ 10 g E/ 1 g F/ 34 g KH
1 g Ba/ 2 BE/ 2,3 KE/ 0 mg Chol.

Pflaumenauflauf

Eine schöne Süßspeise für kalte Tage.

▶ Für 2 Personen

Preisgünstig ⏲ **20 Min.**
+ 20 – 25 Min. Garzeit

3 mittelgroße Pflaumen (ca. 110 g)
2 Eier · flüssiger Süßstoff nach Geschmack · 1 Päckchen Vanillezucker (12 g) · Zimt · 1 Prise Salz · 4 EL Weizenmehl (40 g) · 5 EL fettarme Milch

- Den Backofen auf 180 Grad (Gas Stufe 2 bis 3, Umluft 160 Grad) vorheizen. Die Pflaumen abspülen, halbieren und entsteinen. Die Eier trennen und das Eiklar mit 1 Prise Salz zu steifem Schnee schlagen.
- Die Eigelbe mit Süßstoff und Vanillezucker schaumig schlagen, den Zimt und das Salz zugeben. Das Mehl in die Eimasse rühren und die Milch mit dem Teig mischen. Zuletzt den kalten, steifen Eischnee vorsichtig unter den Teig heben.
- Die Hälfte des Teiges in eine Auflaufform füllen und die Pflaumenhälften darauf verteilen. Anschließend den restlichen Teig auf die Pflaumen geben und glatt streichen. Auf der mittleren Schiene 20 – 25 Min. goldgelb backen.

Nährwerte pro Portion

220 kcal/ 11 g E/ 7 g F/ 28 g KH
davon 8 g Zucker/ 2 g Ba/ 2 BE
2,5 KE/ 240 mg Chol.

Bratäpfel

All die guten Sachen sind hier vereint.

▶ Für 2 Personen

Gelingt leicht ⏲ **20 Min.**
+ 20 – 30 Min. Garzeit

2 mittelgroße Äpfel (ca. 250 g)
40 g Preiselbeeren aus dem Glas (ohne Zuckerzusatz) · 1 Msp. Zimt gemahlen · flüssiger Süßstoff nach Geschmack · 2 EL gemahlene Mandeln · 1 EL Butter

- Den Backofen auf 180 Grad (Gas Stufe 2 bis 3, Umluft 160 Grad) vorheizen. Die Äpfel abspülen und das Kerngehäuse mit einem Apfelausstecher entfernen. Die Preiselbeeren mit 1 Esslöffel Sud, Zimt und etwas flüssigem Süßstoff vermischen. 10 Min. ziehen lassen.
- Die Mandeln mit Butter und Preiselbeeren mischen. Die Äpfel in eine Auflaufform setzen und die Masse in die Äpfel füllen. Etwas Wasser angießen und 20 – 30 Min. auf der mittleren Schiene garen.

▶ **Das passt dazu**

Sehr lecker dazu schmeckt selbst gekochte Vanillesauce. Die Bratäpfel sind ideal für die Adventskaffeetafel, wenn Sie es etwas kalorienärmer mögen.

Nährwerte pro Apfel

160 kcal/ 2 g E/ 10 g F/ 15 g KH/ 4 g Ba/ 1,4 BE/ 1,5 KE/ 10 mg Chol.

Apfelpfannkuchen

Leerer Vorratsschrank und Hunger auf etwas Süßes? Für einen Pfannkuchen reicht das Mehl sicher noch aus.

▶ Für 2 Personen

Preisgünstig ⏲ **20 Min. + 5 Min. Garzeit**

140 g Weizenmehl · 200 ml Sprudelwasser · 1 Prise Salz 2 Eier · 1 mittelgroßer Apfel (150 g) · 1 TL Zitronensaft 1–2 EL Streusüße (z. B. »Canderel«) · 1 TL Zimt · 1 EL Sonnenblumenkernöl

- Mehl mit Sprudelwasser, Salz und Eiern zu einem glatten Teig verrühren und 15 Min. quellen lassen. Den Apfel schälen, vom Kerngehäuse befreien, in feine Spalten schneiden und mit dem Zitronensaft beträufeln.
- Die Streusüße mit dem Zimt mischen. Das Öl in einer beschichteten Pfanne erhitzen und die Hälfte des Teiges gleichmäßig auf dem Pfannenboden verteilen. Die Hälfte der Apfelspalten auf dem Teig verteilen. Den Teig in der Pfanne gut rütteln, damit er sich vom Boden löst.
- Vorsichtig mit einem Pfannenwender auf die andere Seite drehen und goldbraun braten. Mit dem restlichen Teig und den Apfelspalten genauso verfahren. Warm servieren und mit Zimt und etwas Streusüße genießen.

Tipp

Sie können auch das Eigelb trennen und Eiklar zu Schnee schlagen. Dann geht der Pfannkuchen schön auf und schmeckt besonders leicht.

Nährwerte pro Portion

405 kcal / 15 g E / 13 g F / 57 g KH / 4 g Ba / 4,2 BE / 5,5 KE 240 mg Chol.

◀ Apfelpfannkuchen.

Quarkkeulchen

Quarkkeulchen stammen aus Sachsen und werden dort gern als süßer Hauptgang oder als Dessert verspeist.

▶ Für 2 Personen

Preisgünstig ⏲ **20 Min. + 10 Min. Garzeit**

250 g Kartoffeln (mehlig kochend) · 125 g Magerquark · 1 Ei 30 g Weizenmehl · 1 Prise Salz · ½ TL Zimt · abgeriebene Schale von 1 Zitrone · flüssiger Süßstoff nach Geschmack 1 EL Maiskeimöl · 1 EL Streusüße (z. B. »Canderel«)

- Die Kartoffeln am Vortrag in der Schale kochen und noch heiß pellen. Am Tag der Zubereitung fein reiben und mit Quark, Ei, Mehl, Salz, Zimt und Zitronenschale mischen. Mit flüssigem Süßstoff abschmecken. Falls der Teig etwas klebt, noch 1 Esslöffel Mehl (ca. 20 g entsprechen 1 BE) zugeben.
- Teelöffelgroße Portionen abstechen und zu ovalen Keulchen formen. Die Quarkkeulchen von allen Seiten in einer beschichteten Pfanne goldbraun backen. Noch warm süßen.

Tipp

Wenn Sie es leicht mögen, reiben Sie die Kartoffeln ganz fein. Bevorzugen Sie den kartoffeligen Akzent, reiben Sie die Kartoffeln recht grob und mischen sie mit den restlichen Zutaten.

Nährwerte pro Portion

270 kcal / 16 g E / 9 g F / 31 g KH / 3 g Ba / 2,2 BE / 3 KE 120 mg Chol.

Schokomuffins mit Walnüssen

Meine Lieblings-Muffins dürfen auf keiner Geburtstagsparty oder großen Kaffeetafel fehlen.

▶ 6 Stück

Gelingt leicht ⏲ **10 Min. + 20 Min. Backzeit**

35 g Sonnenblumenöl · 40 g Zucker · 4 ml flüssiger Süßstoff
1 TL Vanillezucker (5 g) · ½ Fläschchen Buttervanille-Aroma
1 Ei · 100 ml fettarme Milch · ½ TL Essig · 15 EL Weizenmehl
(150 g) · 1 TL Backpulver · 1 Prise Salz · 4 EL Kakaopulver
50 g Walnüsse · 6 Papierbackförmchen

- Den Backofen auf 180 Grad (Gas Stufe 2–3, Umluft 160 Grad) vorheizen. In jede Mulde des Muffinblechs ein paar Tropfen Wasser geben und die Backförmchen am Boden andrücken. Öl mit Zucker, Süßstoff, Vanillezucker, Buttervanille-Aroma und dem Ei verrühren. Milch und Essig hinzufügen.
- Das Mehl mit Backpulver, Salz und dem Kakaopulver mischen und löffelweise unter die Fettmasse rühren. Den Teig abschmecken und, falls nötig, noch etwas flüssigen Süßstoff zugeben. Die Walnüsse grob hacken, mit dem Teig mischen, in die Förmchen füllen und auf der mittleren Schiene 20 Min. backen.

Nährwerte pro Muffin, bei 6 gesamt

265 kcal / 7 g E / 14 g F / 28 g KH, davon 9 g Zucker / 4 g Ba
2,3 BE / 2,8 KE / 40 mg Chol.

KUCHEN, GEBÄCK UND BROT

Buttermilch-Mandel-Muffins

Die Buttermilch macht die Muffins schön locker, die Mandeln verleihen ihnen den nötigen Biss.

▶ 6 Stück
Preisgünstig
⏲ 10 Min. + 25 Min.

1 Ei
60 g Zucker
1 TL Vanillezucker (5 g)
50 ml Maiskeimöl
150 ml Buttermilch
125 g Weizenmehl, Type 550
1 TL Backpulver
½ TL Natron
50 g gehackte Mandeln
6 Papierbackförmchen

- Den Backofen auf 180 Grad (Umluft 160 Grad, Gas Stufe 2 – 3) vorheizen. In jede Mulde des Muffinblechs ein paar Tropfen Wasser geben und die Backförmchen am Boden andrücken. Das Ei mit dem Zucker und Vanillezucker schaumig schlagen. Öl und Buttermilch zugeben und gut verrühren.
- Das Mehl mit Backpulver und Natron mischen, zur Ei-Zucker-Masse geben und vorsichtig unterheben. Die Mandeln zugeben und den Teig abschmecken. Falls er nicht süß genug ist, ein paar Spritzer flüssigen Süßstoff dazugeben.
- Den Muffinteig in die Förmchen füllen und auf der mittleren Schiebeleiste von unten in 20 – 25 Minuten backen.

Nährwerte pro Stück (bei 6 Stück gesamt)
267 kcal / 6 g E / 15 g F / 27 g KH, davon 11 g Zucker / 2 g Ba / 2,2 BE / 2,5 KE
40 mg Chol.

SO WIRD'S GEMACHT

Muffinteil zubereiten

❶ Alle flüssigen Zutaten werden immer zuerst miteinander vermischt: Joghurt, Buttermilch oder Milch, flüssige und wieder abgekühlte Butter, Öl, Eier, Fruchtsaft und geschmolzene Schokolade etc.: immer gut verrühren. ❷ Alle trockenen Zutaten werden in einer zweiten Schüssel vermischt: Mehl, Nüsse, Zucker, Natron, Gewürze etc. ❸ Nun gibt man die flüssigen Zutaten auf einmal zu den trockenen Zutaten und verrührt alles vorsichtig mit dem Holzlöffel so kurz wie nötig, bis sich die Zutaten verbinden. ❹ Zuletzt den Teig etwa zu drei Vierteln in die mit doppelten Papierförmchen ausgelegten Mulden des Muffinblechs einfüllen.

1

2

3

4

Kirschtorte

In einem krossen Mürbeteig werden die Schattenmorellen gekonnt in Szene gesetzt. Vorhang auf für eine fruchtig-frische Kuchenkreation.

▶ 12 Stücke
Braucht etwas mehr Zeit
90 Min. + 40 Min. Backzeit

Teig:
- 100 g Weizenmehl
- ½ TL Backpulver
- 2 EL gemahlene Mandeln
- 50 g eiskalte Butter
- 1 Fläschchen Buttervanille-Aroma
- 1 Prise Salz
- 1 Ei
- 1 EL flüssiger Süßstoff

Füllung:
- 1 kleines Glas Schattenmorellen (ohne Zuckerzusatz, 370 ml)
- 50 g gemahlene Mandeln
- 2 Eier
- 1 EL Streusüße (z. B. »Feine Süße« von Natreen)
- 15 Tropfen flüssiger Süßstoff
- 1 EL Weizenmehl (10 g)
- ½ TL Backpulver
- 2 EL Mandelblättchen

- Das Mehl mit dem Backpulver und den Mandeln mischen. Die Butter in Flöckchen zum Mehl geben. Aroma, Salz und Ei und den Süßstoff zugeben. Mit den Knethaken des Handrührgeräts erst 3 Min., dann mit den Händen kräftig durchkneten. Den Teig in Frischhaltefolie gewickelt 1 Stunde kühl stellen.
- Die Schattenmorellen abtropfen. Den Backofen auf 175 Grad (Gas Stufe 2, Umluft 160 Grad) vorheizen. Eine kleine Springform (22 cm Ø) mit Backpapier auslegen. Den Teig zwischen 2 Lagen Frischhaltefolie dünn ausrollen und den Boden der Form dünn auslegen. Aus dem restlichen Teig einen 3–4 cm hohen Rand formen. Den Teig mit einer Gabel mehrmals einstechen und den Boden mit der Hälfte der gemahlenen Mandeln bestreuen.
- Die Schattenmorellen auf dem Mürbeteig verteilen. Die Eier trennen. Das Eiklar zu steifem Schnee schlagen. Die Eigelbe mit 1 Esslöffel warmem Wasser, der Streusüße und dem flüssigen Süßstoff aufschlagen.
- Eischnee unter Mehl, Backpulver und Mandelmehl vorsichtig unterheben. Mit der Eigelbmasse mischen und auf den Kirschen verteilen. Mit den Mandelblättchen bestreuen und im vorgeheizten Ofen in 30–40 Min. backen.

Nährwerte pro Stück, bei 12 gesamt
160 kcal / 4 g E / 10 g F / 13 g KH / 1 g Ba / 1 BE / 1,3 KE / 70 mg Chol.

Nusskranz

Der Nusskranz ist nicht nur zur Weihnachtszeit ein Gedicht, obwohl er für mich zu Weihnachten gehört, wie die Kugeln zum Baum.

- Den Backofen auf 180 Grad (Gas Stufe 2 bis 3, Umluft 160 Grad) vorheizen. Den Quark mit Öl, Ei, dem flüssigen Süßstoff, Rum-Aroma und Salz verrühren. Das Mehl mit dem Backpulver mischen und unterrühren.
- Den Teig zwischen 2 Lagen Frischhaltefolie in Form eines Rechtecks ausrollen. Mandeln mit Zucker, Süßstoff und Bittermandelöl mischen. 2 Eier trennen und das Eiklar zu steifem Schnee schlagen.
- Die Eigelbe mit der Nussmasse mischen und den Eischnee vorsichtig unterheben und so viel Wasser zugeben, dass die Masse glatt und geschmeidig wird. Die Füllung auf dem ausgerollten Teig verteilen. Den Teig von der längeren Seite aufrollen und beide Enden zu einem Kranz miteinander verbinden.
- Das Ei trennen, das Eigelb mit der Milch mischen und den Nusskranz damit bepinseln. Auf der mittleren Schiene 30 – 40 Min. backen. Während des Backens reißt die Oberfläche des Kranzes leicht auf.

Tipp

Wenn Sie den gut ausgekühlten Nusskranz in Alufolie wickeln, hält er sich bis zu 2 Wochen.

Nährwerte des ganzen Kranzes

3245 kcal / 111 g E / 193 g F / 266 g KH (davon 50 g Zucker) / 33 g Ba / 22 BE 26,6 KE / 910 mg Chol.

Nährwerte eines Stücks à 25 g

85 kcal / 3 g E / 5 g F / 7 g KH (davon 1 g Zucker) / 1 g Ba / 0,5 BE / 0,7 KE / 25 mg Chol.

▶ 12 Stücke

Braucht etwas mehr Zeit

25 Min. + 40 Min. Backzeit

Teig:

150 g Magerquark
6 EL Sonnenblumenöl
1 Ei
5 ml flüssiger Süßstoff
1 Fläschchen Rum-Aroma
1 Prise Salz
300 g Weizenmehl
1 Päckchen Backpulver

Füllung:

200 g gemahlene Mandeln
50 g Zucker
4 ml flüssiger Süßstoff
½ Fläschchen Bittermandelöl
3 Eier
2 EL fettarme Milch

Pfirsich-Aprikosen-Streuselkuchen

Beliebter Klassiker: Auf einem locker leichten Boden betten sich fruchtige Pfirsiche und Aprikosen und werden gekrönt von köstlichem Streusel.

▶ 12 Stücke
Gelingt leicht
45 Min. + 40 Min. Backzeit

Teig:

- 60 g Margarine
- 2 ml flüssiger Süßstoff
- 2 Eier
- 125 g Weizenmehl
- 1 TL Backpulver

Füllung:

- 135 g Aprikosen
- 140 g Pfirsich, ohne Stein
- 2 EL Haselnüsse, gemahlen

Streusel:

- 10 EL Weizenmehl (100 g)
- 2 EL Zucker (20 g)
- 50 g Butter

- Den Backofen auf 180 Grad (Gas Stufe 2 bis 3, Umluft 160 Grad) vorheizen. Für den Teig die Margarine mit Süßstoff, Eiern, Mehl und Backpulver verkneten. Den Teig in Frischhaltefolie gewickelt ½ Stunde kühl stellen. Den Boden einer kleinen Springform (22 cm Ø) mit Backpapier auslegen.
- Aprikosen und den Pfirsich abspülen, entsteinen und in Spalten schneiden. Den Teig aus dem Kühlschrank nehmen und zwischen 2 Lagen Frischhaltefolie ausrollen. Den Boden der Springform mit dem Teig auslegen und mehrmals mit einer Gabel einstechen. Aprikosen und Pfirsiche fächerartig auf dem Boden verteilen und die Haselnüsse darüberstreuen.
- Für den Streuselteig das Mehl mit Zucker und Butter verkneten. Mit den Händen zu Streuseln verarbeiten und über das Obst streuen. Auf der mittleren Schiene 30–40 Min. backen.

▶ Variante

Wenn Sie keine frischen Früchte bekommen, können Sie tiefgekühlte Früchte oder Kompottobst aus dem Glas (ohne Zuckerzusatz) verwenden. Streuselteig können Sie bis zu 3 Tage luftdicht verschlossen im Kühlschrank aufbewahren. Er lässt sich prima mit Apfelwürfeln oder Beerenobst als Tassenportion backen.

Nährwerte pro Stück, bei 12 gesamt

175 kcal / 4 g E / 10 g F / 17 g KH, davon 3 g Zucker / 1 g Ba / 1,4 BE / 1,7 KE
50 mg Chol.

Früchtecrumble

Die Streuseltörtchen kriegen auch Ungeübte hin!

▶ Für 2 Personen
Gelingt leicht ⏲ **15 Min. + 25 Min. Backzeit**

75 g Tiefkühlbeeren · 5 Tropfen flüssiger Süßstoff · 6 EL Weizenmehl (60 g) · 1 EL Zucker (10 g) · 1 Päckchen Vanillezucker (10 g) 40 g Butter · ½ Fläschchen Buttervanille-Aroma · 25 g gemahlene Mandeln · etwas flüssiger Süßstoff · 2 feuerfeste Tarteförmchen

- Den Backofen auf 200 Grad (Gas Stufe 3, Umluft 180 Grad) vorheizen. Die Beeren mit Süßstoff in einer Schüssel mischen. Mehl mit Zucker, Vanillezucker, Butter, Buttervanille-Aroma und den Mandeln erst mit den Knethaken des Handrührgeräts verrühren, dann schnell mit den Händen zu einem Streuselteig kneten und, falls nötig, noch etwas Süßstoff zugeben.
- Die Beeren in die beiden Förmchen geben und mit der Streuselmasse bestreuen. Auf der oberen Schiene 15–25 Min. backen, bis die Streusel leicht gebräunt sind. Noch lauwarm servieren.

Tipp

Sie können den Streuselteig auch mit Haselnüssen anstelle von Mandeln zubereiten.

Nährwerte pro Törtchen, bei 2 gesamt

375 kcal / 6 g E / 24 g F / 34 g KH, davon 11 g Zucker / 5 g Ba / 2,8 BE / 3,4 KE / 50 mg Chol.

Haferflockenplätzchen

Herrlich nussig mit krossem Biss und dabei so schnell gebacken.

▶ 30 Stück

Preisgünstig ⏲ **20 Min. + 15 Min.**

1 Ei · 100 g Butter · 50 g Zucker · 5 ml flüssiger Süßstoff · ½ TL Zimt · ½ Fläschchen Buttervanille-Aroma · 200 g kernige Haferflocken
1 TL Backpulver · 5 EL gemahlene Haselnüsse
5 EL fettarme Milch

- Den Backofen auf 180 Grad (Gas Stufe 2–3, Umluft 160 Grad) vorheizen. Ei, Butter, Zucker, Süßstoff, Zimt und Buttervanille-Aroma mit dem Handrührgerät verrühren. Haferflocken mit dem Backpulver mischen, zugeben, unterrühren und zum Schluss die Haselnüsse zugeben.
- Mit einem Teelöffel 30 Häufchen abstechen und diese auf das mit Backpapier ausgelegte Blech setzen. Die Plätzchen mit Milch bepinseln und auf der mittleren Schiene 10–15 Min. backen.

▶ Variante

Ein paar gehackte Pistazien im Teig unterstreichen die nussige Note der Haferflocken.

Nährwerte pro Haferflockenplätzchen, bei 30 gesamt

75 kcal / 1 g E / 5 g F / 6 g KH, davon 2 g Zucker / 0 g Ba / 0,5 BE / 0,6 KE / 15 mg Chol.

Saure-Sahne-Kekse

Genießen Sie den mürben Geschmack und die zarte Süße.

▶ 30 Stück

Preisgünstig 15 Min.
+ 10 Min. Backzeit

15 EL Weizenmehl (150 g) · 1 Päckchen Vanillezucker (12 g) · 75 g saure Sahne · 75 g Margarine · 2 EL fettarme Milch · 5 EL Zucker (50 g)

- Das Mehl mit dem Vanillezucker, der sauren Sahne und Margarine zu einem Teig verarbeiten. In Frischhaltefolie gewickelt 1 Stunde kühl stellen. Den Backofen auf 180 Grad (Gas Stufe 2–3, Umluft 160 Grad) vorheizen. Den Teig zwischen 2 Lagen Frischhaltefolie dünn ausrollen.
- Mit einem Plätzchenausstecher 30 Plätzchen ausstechen. 2 Backbleche mit Backpapier auslegen und die Plätzchen daraufsetzen. Die Kekse mit Milch bepinseln und mit etwas Zucker bestreuen. Auf der 2. oder 3. Schiene von unten etwa 10–13 Min. backen.

Tipp

Die Kekse sollen leicht goldgelb sein und auf einem Kuchengitter abkühlen.

Nährwerte pro Keks, bei 30 gesamt
45 kcal / 1 g E / 2 g F / 6 g KH
davon 2 g Zucker / 0 Ba / 0,5 BE
0,6 KE / 1 mg Chol.

Terrassentaler

Terrassentaler sind etwas ganz Besonderes für Keksliebhaber.

▶ 25 Stück

Braucht etwas mehr Zeit 90 Min.
+ 15 Min. Backzeit

280 g Weizenmehl · ½ TL Backpulver
5 EL Zucker (50 g) · 4 ml flüssiger Süßstoff · 1 EL Vanillezucker (10 g)
1 Ei · 125 g Halbfettmargarine · 60 g Johannisbeerkonfitüre (mit Süßstoff)

- Mehl, Backpulver, Zucker, Süßstoff, Vanillezucker, Ei und Margarine zu einem glatten Mürbeteig verkneten. Den Teig in Frischhaltefolie gewickelt 1 Stunde kühl stellen. Den Backofen auf 180 Grad (Gas Stufe 2–3, Umluft 160 Grad) vorheizen.
- Den Teig zwischen 2 Lagen Frischhaltefolie dünn ausrollen. Plätzchen in 2 verschiedenen Größen, aber gleicher Form ausstechen. Etwa 15 Min. backen. Herausnehmen, kurz abkühlen lassen und die Oberseite der größeren Plätzchen dünn mit Konfitüre bestreichen. Je ein kleineres Plätzchen daraufsetzen.

▶ Variante

Wollen Sie bei Kindern punkten, verwenden Sie anstelle der Konfitüre Nuss-Nougat-Creme.

Nährwerte pro Taler, bei 25 gesamt
60 kcal / 1 g E / 2 g F / 9 g KH
davon 0 Zucker / 0 Ba / 0,7 BE
0,9 KE / 10 mg Chol.

Schnelle Frühstücksbrötchen

Ein tolles Rezept, das sicher ganz schnell die Runde machen wird.

▶ 8 Brötchen

Geht schnell 10 Min.
+ 25 Min. Backzeit

2 Eier · 200 g Magerquark · 250 g Weizenmehl (Type 1050) · 150 g Vollkorn-Haferflocken · 1 Prise Salz
½ Päckchen Backpulver · 2 EL Sonnenblumenkerne

- Den Backofen auf 180 Grad (Gas Stufe 2, Umluft 160 Grad) vorheizen. Die Eier schaumig schlagen und den Quark unterrühren. Mehl, Haferflocken, Salz und Backpulver mischen. Zu der Eiermasse geben und gut durchkneten. Aus dem Teig 8 gleich große Brötchen formen.
- Die Brötchen auf ein mit Backpapier ausgelegtes Blech setzen, die Oberseite mit Wasser einpinseln und mit den Sonnenblumenkernen bestreuen und leicht andrücken. Auf der mittleren Schiene 20–25 Min. goldgelb backen.

▶ Variante

Sie können den Teig auch mit hellem Mehl und etwas flüssigem Süßstoff zu süßen Frühstücksbrötchen verarbeiten.

Nährwerte pro Brötchen, bei 8 gesamt
220 kcal / 12 g E / 5 g F / 32 g KH
4 g Ba / 2,6 BE / 3,2 KE / 60 mg Chol.

Gewürzbrot

Dieses Brot ist so lecker, dass Sie sich den Wurst- oder Käsebelag sparen können. Prima schmeckt es im Sommer zu frischem Salat.

- Den Backofen auf 50 Grad vorheizen (Gas Stufe 1, Umluft 50 Grad). Die beiden Mehlsorten in eine Schüssel geben. In die Mitte eine Mulde drücken und die Hefe hineinbröckeln. Die warme Milch in die Mulde gießen und mit ein wenig Mehl zu einem Vorteig verrühren. Den Vorteig mit Mehl bestäuben, mit einem Küchentuch abdecken und im Ofen 20 – 30 Min. gehen lassen.
- In der Zwischenzeit das Öl mit den Eiern, Salz, Muskat, Anis- und Fenchelsamen sowie den getrockneten Kräutern verrühren. Mit dem Vorteig mischen und zu einem glatten Brotteig kneten. Den Teig mit den Knethaken des Handrührgeräts so lange bearbeiten, bis er Blasen wirft. Den Teig mit einem Küchentuch abdecken und ein zweites Mal für ca. 20 – 30 Min. in den warmen Ofen stellen.
- Den Teig in eine beschichtete Brotkastenform geben (wenn Sie keine spezielle Brotform besitzen, können Sie auch eine mit wenig Öl eingefettete große Kastenform verwenden) und den Teig in der Form weitere 20 Min. gehen lassen. Anschließend den Backofen auf 180 Grad (Gas Stufe 2 – 3, Umluft 160 Grad) hochschalten.
- Das Brot mit etwas Wasser bepinseln und mit ein paar Anis- und Fenchelsamen bestreuen. Auf der unteren Schiene 40 – 50 Min. backen. Nach Ende der Backzeit mit einem Holzspieß in die Mitte des Brotes stechen. Bleibt noch etwas Teig am Spieß kleben, das Brot weitere 5 – 10 Min. im Ofen backen. Haftet kein Teig mehr fest, das Brot aus dem Ofen nehmen und in der Form auskühlen lassen.

▶ Variante

Sie können dem Brot auch getrocknete, in Streifen geschnittene Tomaten zugeben. Das gibt ihm eine fruchtig-würzige Note.

Nährwerte pro 50-g-Scheibe

160 kcal / 5 g E / 5 g F / 24 g KH / 2 g Ba / 2 BE / 2,4 KE / 35 mg Chol.

▶ 1 Brot

Preisgünstig

70 Min. + 50 Min. Backzeit

250 g Weizenmehl, Type 550
250 g Weizenvollkornmehl
1 Würfel Hefe
4 EL warme fettarme Milch
5 EL Olivenöl
2 Eier
½ TL Kräuter-Jodsalz
1 Prise Muskatnuss
1 TL Anissamen
½ TL Fenchelsamen
5 EL Dill, getrocknet
1 TL Rosmarin, getrocknet

Zwiebelbrot

Herzhaft und würzig: Das Zwiebelbrot ist eine wahre Wucht – zum Frühstück, zwischendurch, mittags und abends.

▶ 1 Brot
Braucht etwas mehr Zeit
90 Min. + 50 Min. Backzeit

- 4 Zwiebeln
- 1 EL Olivenöl
- 2 TL Kümmelkörner
- 300 g Roggenmehl (Type 997)
- 200 g Weizenvollkornmehl
- 1 TL Salz
- 15 g Trockensauerteig
- 12 g Trockenhefe

- Die Zwiebeln abziehen, halbieren und fein schneiden. Zwiebeln im Öl glasig dünsten und den Kümmel zugeben. Beiseite stellen. Beide Mehlsorten mit dem Salz mischen, in die Mitte eine Mulde drücken und den Trockensauerteig und die Trockenhefe hineingeben. 325 ml lauwarmes Wasser hinzufügen und mit den Knethaken des Handrührgeräts zu einem glatten Teig verarbeiten. Den Teig mit einem Küchentuch abdecken und 40 Min. an einem warmen Ort gehen lassen.
- Anschließend sorgfältig kneten und die Zwiebeln einarbeiten. Den Teig zu einer Rolle formen und in eine beschichtete Kastenform legen. Den Teig in der Form weitere 30 Min. gehen lassen. Den Backofen auf 200 Grad (Gas Stufe 3, Umluft 180 Grad) vorheizen. Das Brot mit Wasser einpinseln und auf der unteren Schiene etwa 50 Min. backen. Eine feuerfeste Schale mit kaltem Wasser zum Brot stellen.
- Nach Ende der Backzeit mit einem Holzspieß in die Mitte des Brotes stechen. Bleibt noch etwas Teig am Spieß kleben, das Brot weitere 5 – 10 Min. backen. Haftet kein Teig mehr am Holzstäbchen, das Brot aus dem Ofen nehmen und in der Form auskühlen lassen.

Nährwerte pro 50-g-Scheibe
110 kcal / 3 g E / 1 g F / 22 g KH / 3 g Ba / 1,8 BE / 2,2 KE / 0 mg Chol.

WISSEN

Backtriebmittel in Brot

Es gibt verschiedene Wege, Brotteige zu lockern. Die bekanntesten Backtriebmittel sind Hefe und Sauerteig. Die Hefepilze und Milchsäurebakterien aus dem Sauerteig sind erwünschte Mikroorganismen, die durch ihre Enzyme den im Mehl enthaltenen Zucker in Kohlensäure und Alkohol spalten. Das entstandene Gas bildet Bläschen und sorgt dafür, dass der Teig aufgeht. Ohne diese Backtriebmittel würde der Teig ein schwer verdaulicher Kloß bleiben. Frische Hefe oder Trockenhefe wird meistens für die Herstellung von Weizenbrot und Sauerteig für Roggenbrote eingesetzt.

Früchtebrot

Pflaumen, Aprikosen, Mandeln, gespickt mit Rum und Haselnüssen. Das sind die Geheimnisse, die ein gutes Früchtebrot ausmachen.

- Den Backofen auf 170 Grad (Gas Stufe 2, Umluft 150 Grad) vorheizen. Die Pflaumen und Aprikosen mit einem großen Messer hacken. Zucker, Eier und Süßstoff mit den Quirlen des Handrührgeräts schaumig schlagen.
- 125 g Haferflocken, Backpulver und das Rum-Aroma in die Eiermasse rühren und die gemahlenen Nüsse zugeben. Alles zu einem glatten Teig verarbeiten und zum Schluss das gehackte Trockenobst mit dem Teig mischen.
- Eine Kastenform mit der Margarine einfetten und mit den restlichen Haferflocken ausstreuen. Den Teig in die Kastenform geben und die Oberfläche glatt streichen. Auf der mittleren Schiene 70 – 90 Min. backen.

Tipp

Lassen Sie das Früchtebrot vollständig auskühlen. Anschließend können Sie es komplett in Alufolie wickeln – so bleibt es bis zu 2 Wochen frisch.

Nährwerte pro Scheibe, bei 20 Scheiben insgesamt

150 kcal / 4 g E / 8 g F / 13 g KH / davon 6 g Zucker / 2 g Ba / 1 BE / 1,3 KE / 35 mg Chol.

▶ 20 Scheiben

Gelingt leicht

10 Min. + 90 Min. Backzeit

100 g getrocknete entsteinte Pflaumen
100 g getrocknete entsteinte Aprikosen
50 g Zucker
3 Eier
3 ml flüssiger Süßstoff
135 g Instant-Haferflocken
1 TL Backpulver
1 Fläschchen Rum-Aroma
100 g gemahlene Haselnüsse
100 g gemahlene Mandeln
1 EL Margarine

Für Gäste

Keine Sorge, Sie können auch trotz Diabetes ganz normal an Einladungen teilnehmen. Wenn Sie keine Medikamente einnehmen oder Insulin spritzen, sparen Sie einfach vor und nach der Einladung ein paar Kalorien ein. Auch eine Extrarunde Nordic Walking oder Radfahren verbrennt die Schlemmerkalorien. Greifen Sie bei Gemüse und Salat (Nudel-, Kartoffel-, Reissalat in Maßen) zu. Wählen Sie bei Fleisch und Fisch Leckeres ohne Panade. Trinken Sie Wasser, light/zero-Getränke und wenn Alkohol wie trockener Wein, dann in Maßen. Bei Desserts setzen Sie möglichst auf frisches Obst. Cremes oder Mousse am besten als Genussklecks, also wie der Sahnetupfer obenauf.

Zum Brunch

Entspanntes Brunchen mit lieben Freunden macht viel Spaß und schmeckt dazu noch lecker.

S. 37 Kräuterrührei auf Vollkornbrot
S. 57 Wake-up-Drink
S. 75 Lauchsuppe mit Hackfleisch
S. 96 Hähnchenkeulen mit Knoblauch und Honig
S. 72 Asiatischer Glasnudelsalat
S. 112 Kokosmilchreis
S. 131 Frühstücksbrötchen
S. 133 Gewürzbrot

Festliches Weihnachtsmenü

Leise tanzen Schneeflocken, das Kaminfeuer brennt, und es duftet nach leckeren Speisen.

S. 52 Feldsalat mit Walnüssen
S. 94 Putenbraten mit Dörrobstfüllung
S. 109 Wirsinggemüse mit Thymian und Aprikosen
S. 104 Herzoginkartoffeln
S. 116 Mousse au Chocolat
S. 119 Bratäpfel
S. 127 Nusskranz

Kirschtorte Sommermenü

Dolce Vita – fast wie im Süden.

S. 45 Tomatensuppe
S. 93 Teriyakihähnchen
S. 71 Spaghettini mit Tomatensugo
S. 52 Salat Andreas
S. 115 Blitzeis

Zum Grillfest

Laue Abendstunden, der Duft wohlschmeckender Gerichte – herrlich!

S. 62 Marinierte Kirschtomaten
S. 59 Tomatendip
S. 92 Fischspieße Pomodoro
S. 105 Bunte Gemüsespieße
S. 105 Grillchampignons
S. 106 Auberginen mit Pfefferminzbutter
S. 62 Marinierte Paprikaschoten
S. 100 Rosmarinkartoffeln
S. 134 Zwiebelbrot
S. 58 Pikantes Joghurtlassi
S. 59 Roquefortdip

Leichtes Frühlingsmenü

Vogelgezwitscher, Duft nach Primeln und Narzissen, dazu liebe Freunde und ein leckeres Menü.

S. 46 Rüblisuppe mit Ingwer
S. 92 Asiatischer Fisch in Kokosmilch
S. 109 Radicchio francaise
S. 105 Karottenreis
S. 118 Moccacreme

Fürs Partybüfett

Eine kleine gesellige Runde mit guter Laune und Lust am Essen.

S. 108 Artischocken mit Kirschtomaten
S. 60 Mini-Frikadellen Paprika-Käse-Füllung
S. 96 Hähnchenkeulen mit Knoblauch und Honig
S. 48 Kartoffelsalat
S. 48 Wikinger Nudelsalat
S. 59 Tomatendip
S. 105 Bunte Gemüsespieße

Klassisch für Gäste

Genau das Richtige für alle, die mit Appetit am Tisch sitzen und eine Schwäche für Asiatisches mitbringen.

S. 44 Flusskrebssuppe
S. 93 Teriyakihähnchen
S. 104 Curry-Zwiebel-Reis
S. 86 Frühlingsgemüse aus dem Wok
S. 114 Erdbeermousse

Lockere Einladung für Freunde

Mal kurz auf einen Sprung zum Plaudern und Genießen.

S. 69 Vegetarische Lasagne
S. 49 Spargel mit Rukola und Parmesan
S. 61 Feigen mit Nussfüllung
S. Waldpilzrisotto
S. 112 Kokosmilchreis mit Himbeermus

Für ein Familienpicknick

Ohne Stress genießen, sich selbst bedienen, das erfreut auch die kleinen Esser.

S. 36 Zwiebackschmarrn mit Früchten
S. 119 Apfelpfannkuchen
S. 48 Wikingernudelsalat
S. 48 Kartoffelsalat
S. 119 Fruchtkaltschale
S. 118 Rote Grütze
S. 124 Buttermilch-Mandel-Muffins

Der Kaffeebesuch

Duftender Kaffee und frisch gebackene Kuchen, herrlich!

S. 121 Quarkkeulchen
S. 125 Kirschtorte
S. 127 Nusskranz
S. 122 Schokomuffins mit Walnüssen

Fingerfood für die Stehparty

Leckere Gerichte, die sich gut vorbereiten und sich prima ohne Besteck essen lassen.

S. 88 Fischklößchen Helgoland
S. 61 Pumpernickeltaler
S. 61 Kartoffel-Käse-Plätzchen
S. 55 Sushi mit Lachs und Gurke
S. 62 Marinierte Kirschtomaten
S. 105 Grillchampignons
S. 58 Pikantes Joghurtlassi
S. 61 Feigen mit Nussfüllung

Rezept- und Zutatenverzeichnis

Stichwortverzeichnis

Bibliografische Information der Deutschen Nationalbibliothek
Die Deutsche Nationalbibliothek verzeichnet diese Publikation in der Deutschen Nationalbibliografie; detaillierte bibliografische Daten sind im Internet über http://dnb.d-nb.de abrufbar.

Programmplanung: Uta Spieldiener

Redaktion: Anja Fleischhauer
Bildredaktion: Christoph Frick

Umschlaggestaltung und Innenlayout:
Cyclus · Visuelle Kommunikation, Stuttgart

Bildnachweis:
Umschlagfoto vorn: Stockfood
Umschlagfotos hinten: Chris Meier, Stuttgart
Fotos im Innenteil:
Corbis: S. 31 links; Creative Collection: S. 18, 2. Bild von oben; Emotive Images: S. 9, 10, 18 oben, 26, 30; Fotolia: S. 18, 3. Bild von oben, 18 unten, 137; Jupiterimages: S. 19; Achim Käflein: S. 31 rechts; Masterfile: S. 6; Chris Meier, Stuttgart: S. 2/3, 4/5, 13, 14/15, 22, 23, 24/25, 28/29, 32/33, 36, 37, 38, 41, 42/43, 45, 47, 49, 50, 53, 54, 56, 60, 63, 64/65, 68, 71, 72, 75, 76, 80, 83, 86, 89, 90, 92, 95, 98, 100/101, 102, 106, 108, 110, 112/113, 114, 117, 120, 122/123, 124, 126, 129, 130, 132

2., vollständig überarbeitete Auflage 2011

Printed in Germany

Satz: Ziegler und Müller, Kirchentellinsfurt
gesetzt in: APP/3B2, Version 9.1 Unicode
Druck: Offizin Andersen Nexö Leipzig GmbH, Zwenkau

Gedruckt auf chlorfrei gebleichtem Papier

ISBN 978-3-8304-3680-5

1 2 3 4 5 6

Wichtiger Hinweis: Wie jede Wissenschaft ist die Medizin ständigen Entwicklungen unterworfen. Forschung und klinische Erfahrung erweitern unsere Erkenntnisse, insbesondere was Behandlung und medikamentöse Therapie anbelangt. Soweit in diesem Werk eine Dosierung oder eine Applikation erwähnt wird, darf der Leser zwar darauf vertrauen, dass Autoren, Herausgeber und Verlag große Sorgfalt darauf verwandt haben, dass diese Angabe dem **Wissensstand bei Fertigstellung des Werkes** entspricht.

Die Ratschläge und Empfehlungen dieses Buches wurden vom Autor und Verlag nach bestem Wissen und Gewissen erarbeitet und sorgfältig geprüft. Dennoch kann eine Garantie nicht übernommen werden. Eine Haftung des Autors, des Verlages oder seiner Beauftragten für Personen-, Sach- oder Vermögensschäden ist ausgeschlossen.

Geschützte Warennamen (Warenzeichen) werden **nicht** besonders kenntlich gemacht. Aus dem Fehlen eines solchen Hinweises kann also nicht geschlossen werden, dass es sich um einen freien Warennamen handelt.

SERVICE

Liebe Leserin, lieber Leser,

hat Ihnen dieses Buch weitergeholfen? Für Anregungen, Kritik, aber auch für Lob sind wir offen.
So können wir in Zukunft noch besser auf Ihre Wünsche eingehen. Schreiben Sie uns, denn Ihre Meinung zählt!

Ihr TRIAS Verlag
E-Mail Leserservice: heike.schmid@medizinverlage.de
Lektorat TRIAS Verlag, Postfach 30 05 04, 70445 Stuttgart, Fax: 0711 89 31-748